시니어를 위한 스마트한

노후설계

시니어를 위한 스마트한

노후설계

이미자 지음

서현사

머리말

현대사회는 평균수명과 기대수명의 증가로 전체 인구에서 고령자의 비율이 점차 증가하고 있는 추세이다. 기대수명의 연장은 은퇴 이후 개인의 노후기간이 증가하였음을 의미하며, 은퇴에 적응하고 노후생활을 영위하기 위한 노후준비에 대해 개인적, 사회적 관심이 점차 대두되고 있다. 하지만 기대수명의 증가에도 불구하고 은퇴 후의 정책적 지원이나 사회적 합의는 아주 부족한 상태이다.

따라서 노후준비는 개인의 몫이며, 노후준비를 어떻게 하느냐에 따라 노년기에 큰 차이가 생긴다. 노후준비를 잘한 사람은 노후를 행복하게 보낼 수 있지만, 노후준비를 제대로 하지 못한 사람은 은퇴와 동시에 뜻하지 않는 시련과 마주쳐야 한다. 미흡한 노후준비로 인해 일어나는 경제적 빈곤, 질병, 은퇴 후 역할 상실에서 오는 소외감 등의 문제점을 예방하고 해결하기 위한 연금 및 복지제도 등 국가적인 차원에서의 다양하고 체계적인 지원은 부족한 실정이다.

더욱이 노인 인구의 증가는 미래 세대에 커다란 부담과 숙제를 안겨주고 있다. 국민연금, 건강보험, 노인 장기요양보험, 기초노령연금 등 막대한 재원을 필요로 하는 노인복지 관련 제도는 국민들의 조세, 보험료, 연금 납입액 상승 부담으로 작용하여 국민들의 경제적 부담이 그만큼 커질 수밖에 없다. 그러나 아무리 막대한 노인복지 재원을 마련해도 노인 인구의 증가로 인한 노인 문제를 해결하기에는 벅차다. 그래서 이미 여러 나라에서는 노인복지제도를 축소하기도 하고 있으며,

우리나라에서도 20~30년 지나면 연금이 바닥이 난다는 예측도 나오고 있다.

이러한 어려움 때문에 우리의 미래를 위한 노후준비는 국가에 의존하기보다는 자력으로 해야 한다. 선진국의 경우 은퇴생활은 '제2의 새로운 인생'이라는 인식이 높아 젊어서부터 노후계획을 준비하거나 실천하면서 살고 있다. 그렇기 때문에 행복한 노년기를 맞이하는 경우가 많다. 우리도 행복한 미래를 위해서 노후를 설계하고 실천해야 할 것이다.

이 책은 초고령화 시대에 은퇴 후 어떠한 삶이 기다리고 있는지에 대해서 알려주고, 노후에 다가오는 여러 가지 어려움을 극복하여 행복한 삶을 살아가기 위해 준비하거나 실천할 수 있는 방법을 알려주기 위해 집필되었다. 부디 이 책이 행복한 인생 2막을 위한 미래설계가이드가 되길 바라며, 모든 사람이 활기차고, 건강하고 행복한 노후를 보내시기를 간절히 소망합니다.

저자 이미자

목차

제3장 건강관리

제4장 고독관리

제5장 여가생활과 변화관리

제6장 일과 직업

제7장 주거생활

제8장 치매예방

제9장 아름다운 마무리

제1장

노후준비와 은퇴

은퇴는 누구나 피해갈 수 없다. 그러나 은퇴 대비를 어떻게 하느냐에 따라 그 결과는 큰 차이가 생긴다. 은퇴를 준비하는 사람은 노후를 행복하게 보낼 수 있지만, 은퇴를 제대로 준비하지 못하는 사람은 은퇴와 동시에 뜻하지 않는 시련과 마주쳐야 한다.

실제로 노후준비를 제대로 못해서 경제적인 어려움은 물론이고 건강을 잃고, 외로움 때문에 심각한 우울증에 빠지거나, 아무도 찾지 않아서 혼자 죽음을 맞는 고독사도 꾸준히 늘고 있다.

1. 노후준비의 정의

사람은 누구나 태어나서 아동기와 청소년기를 거쳐 성인기를 지나 노년기를 맞게 된다. 아동기에는 성장하고, 청소년기에는 학교를 다니면서 공부하며, 성인기에는 직장생활을 하고, 노년기에는 그동안 준비해온 자원을 가지고 인생을 누린다.

하지만 노년기는 은퇴로 인해 인생에 많은 변화가 생긴다. 은퇴를 하게 되면 은퇴 전에는 잘 느끼지 못했던 어려움을 맞게 된다. 첫째, 경제생활을 그만두기 때문에 수입의 감소로 인한 경제적인 어려움이 생긴다. 둘째, 지속적인 노화현상으로 인해 신체 기능이 둔화되고 건강이 나빠진다. 셋째, 가족관계나 친구관계의 변화로 인한 어려움과 세상의 변화에 적응을 못하는 어려움을 겪게 된다. 넷째, 세상의 변화에 따라가지 못한다. 이러한 노년기에 겪는 네 가지 어려움을 '노인 4고(苦)'라고 한다.

노후준비(preparation foraging)는 노후에 찾아오는 '노인 4고'를 대비하는 것으로, 경제적 빈곤, 건강 약화, 고독, 사회적인 고립에 대비하여 준비하는 것을 말한다. 즉 평균수명이 증가함에 따라 길어진 노년기의 삶을 어떻게 영위해나갈 것인가를 고민하는 것이다. 행복한 노년기를 위해서는 미리 준비가 필요하다. 미리 준비가 되어 있으면 행복한 노후생활을 할 수 있지만, 준비되어 있지 않다면 고통스러운 노후를 보낼 수밖에 없다. 이러한 노후준비의 고민은 시간이 갈수록 심각해지고 개인적 차원을 넘어서 국가적인 이슈로 부상하고 있다.

그러나 2016년 통계청·금감원·한국은행의 '2016년 가계금융 복지조사 결과'를 보면 '은퇴준비가 되어 있지 않다'라고 답한 비율이 전체의 56.6%로 나타났고, 은퇴자의 60%는 생활비 부족으로 빈곤함을 호소하고 있는 것으로 나타났다. 결국 2명 중 1명은 노후준비를 하지 않아 '은퇴 후유증'을 경험하고 있다고 할 수 있다. 대다수의 한국 노인은 경제적 빈곤과 질병, 고독, 역할 상실 등 '노인 4고(四苦)'에 시달리고 있다는 기사도 많이 나오고 있다. 그래서 항간에는 '99'세까지 '88'하게 살다가 '2~3'일 아픈 뒤 죽었으면('4') 좋겠다는 '9988234'란 유행어까지 떠돌고 있다.

은퇴 후에 다가올 어려움을 미리 준비하면 노후가 편안하고 행복한 세월을 보낼 수 있지만 은퇴 준비를 하지 못하면 노후에 닥칠 네 가지 어려움은 충격으로 다가올 수도 있다. 따라서 우리는 행복한 노년기를 위해서는 미리 노후준비를 해야 한다.

경제학자들은 은퇴 후의 행복은 준비한 기간만큼 행복해진다고 하였다. 예를 들어 1년이 행복해지려면 1년을 준비해야 하고, 10년을 행복하려면 10년을 준비해야 한다는 것이다. 따라서 인생 100세 시대에 60세에 은퇴해서 100세까지 행복하게 살려면 최소한 40년을 준비해야 한다. 회사에 입사하자마자 은퇴를 준비해야 남은 인생이 행복해질 수 있는 것이다. 은퇴 후에 행복한 노후를 보내기 위해서는 노후설계는 필수라고 할 수 있다.

2. 노인의 정의

노인이란 '나이가 들어 늙은 사람', '늙은이'라는 뜻이다. 일상적으로 흔히 사용되고 있는 용어지만 그 개념을 명확하게 정의하기가 쉽지 않다. 노인(老人)의 사전적 의미는 육체적으로 늙어간다는 의미를 가지고 있다. '老'는 '땅 위에 지팡이를 짚고 다니는 늙은 사람'을 형상화한 것이다. 노인은 글자처럼 육체적인 노화와 함께 사회적·정서적으로도 큰 변화를 겪는다. 사회적으로는 환경에 대한 적응 능력이 떨어지고, 경제 활동도 현저히 줄어든다. 정서적으로는 불안과 우울, 그리고 슬픔을 자주 느끼게 되는 시기이다.

1951년에 미국에서 개최된 제2회 국제노년학회의에서 노인에 대해 내린 정의를 보면 '인간의 노화 과정에서 나타나는 생리적·심리적·환경적 변화 및 행동의 변화가 복합적으로 상호작용하는 과정에 있는 사람'이라고 하였다. 아울러 다른 측면에서 자체 조직에 결손을 가진 사람, 통합 능력이 감퇴 되어가는 시기에 있는 사람, 생활체의 기관이나 조직, 기능의 쇠퇴 현상이 일어나는 시기에 있는 사람, 적응성에서 정신적으로 결손 되어가는 사람, 조직 및 기능 저장의 소모로 인해 적응 감퇴 현상이 있는 사람이라고 하였다.

서양에서는 노인을 늙은 사람(Older Person), 나이 든 사람(the Aged), 연장자(the Elderly) 등으로 부르는 대신 '원로시민(Senior Citizen)', '황금 연령층(Golden Age)' 등으로 높여서 부른다. 프랑스에서는 '제3

세대층', 스위스에서는 '빨간 스웨터', 유럽에서는 50세 전후부터 75세까지를 생애관점에서 새로운 중년기라는 뜻으로 '서드 에이지(Third Age)'라고도 부른다.

또한 중국에서는 50대를 숙년(熟年), 60대를 장년(長年), 70대 이상을 존년(尊年)이라고 부르기도 한다. 가까운 일본에서는 노인들이 흰 머리카락이 많은 것을 비유하여 '실버'라는 말을 사용하여 우리나라에도 큰 영향을 주었다. 다르게는 '노년'으로 불리기도 하며, 노령 인구의 사회적 공헌에 대한 감사를 내포한 '고년자(高年者)'라는 단어를 사용하고 있기도 하다.

미국 시카고 대학의 심리학 교수인 버니스 뉴가튼(Bernice Neugarten)은 노인 세대를 나이에 따라 나누어 55세 정년을 기점으로 65세까지를 연소 노인(Young old), 65세부터 75세까지를 중고령 노인(Middle old), 85세 이상을 올디스트(Oldest)로 구분하였다. 75세까지를 젊은 늙은이라고 부르면서 노인이라고 볼 수 없다는 견해를 폈다.

〈표 1-1〉 나이에 따른 노인 구분

구 분	나이	특징
연소 노인 (young old)	55~65세	직업적, 사회적 성취가 최고 수준
중고령 노인 (middle old)	65~75세	대부분 퇴직한 상태지만 대부분 심각한 노화 상태는 아님
올디스트 (Oldest)	85세 이상	신체적 노화가 진전되어 병약하고 의존 상태임

우리나라 노인복지법에서는 65세 이상을 노인이라 하며, 국민연금법에서는 60세 이상을 노인이라고 한다. 예전부터 우리는 나이가 들어감에 따라 회갑(61), 고희(70), 희수(77), 율수(80), 미수(88), 졸수(90), 백수(99) 등으로 부르기도 하지만, 노인을 총칭하는 말은 노인, 실버 또는 시니어라고 한다. 시니어는 50세 이상을 말하며, 실버는 65세 이상을 말한다.

그러나 노인이나 실버라는 말이 요즘에 와서는 공경의 의미보다는 부정적 의미가 있어 최근에는 '어르신'이라는 용어로 대체되고 있다. 그러나 어르신은 여성 노인에게는 약간 어색한 느낌이다. 또한 자신의 부모와 같다는 의미에서 어머님, 아버님이라고 표현하기도 하고 할머님, 할아버님이라고 호칭하기도 한다. 자기가 존경할 만큼 점잖거나 나이가 많은 남녀를 부를 때는 '선생님'으로 부르기도 한다. 예전에는 존경의 의미를 담고 있는 '아주 큰 아버지와 같은 존재'라는 의미를 지닌 '한아비'라는 용어가 사용되기도 하였다. 요즘처럼 노인들의 수명이 연장되고 역할이 달라짐에 따라 명칭에 대해서도 변화가 요구되고 있으며, 노인에 대한 정의를 새롭게 하려는 움직임들이 나타나고 있다.

정책적으로 노인 기준을 65세 이상으로 정한 건 인간의 평균수명이 50세에도 미치지 못했던 19세기 후반 독일 재상 비스마르크였다. 그런데 한국은 2017년 평균수명이 여성 86세, 남성 80세로 평균 83세를 기록하며 종전 최고 기록을 경신하고 있다. 단순하게 따져도 19세기 후반의 65세는 오늘날 약 90세에 해당한다니 고령자 기준이 비현실적이라는 주장은 타당성이 있어 보인다. 행복한 노년기를 만들기 위해서는 지나온 인생을 뒤돌아보고 긍정적으로 평가해야 한다. 남은 인생은 자아를 실현하며 성공하고 질 높은 삶을 살기 위해서는 노후설계가 반드시 필요하다.

3. 노후에 대한 인식

노후준비의 개념과 함께 노후준비 시기에 대해서도 고려해야 하는데, 이를 위해서는 '노후'가 언제부터 시작되는지를 먼저 정의할 필요성이 있다. 노후(老後)의 사전적인 의미는 '노인이 된 이후 시기'이다. 일반적으로 노후시기를 규정하는 노인 구분 기준은 연령에 따른 신체적 나이이다. 신체적 나이는 법률, 행정절차, 관습의 기준으로 모든 사람에게 똑같이 적용되는 객관적 나이이다. 노후시기는 사회적으로 규정한 객관적인 연령 기준과 별도로 생물학적 나이, 심리적 나이, 사회적 나이, 주관적 나이, 기능적 나이도 고려해야 한다.

생물학적 나이는 개인의 생물학적, 생리적 발달 및 성숙수준과 신체적 건강수준을 나타내는 나이를 말한다. 그런데 신체적 나이는 적은데 생물학적 나이가 많은 경우도 있다. 예를 들면 신체적 나이는 50세인데, 건강관리가 제대로 안 되어 있다면 생물학적 나이는 60세가 될 수도 있다. 반대로 신체적 나이는 많지만 건강관리를 잘해서 생물학적 나이는 더 적을 수도 있다.

심리적 나이는 경험에 근거한 심리적 성숙과 적응수준을 나타내는 나이를 말한다. 신체적 나이는 적은데 기억, 학습, 지능, 신체적 동작, 동기와 정서 등과 같은 심리학적 요인의 경험이 많으면 나이가 많이 먹은 것처럼 인식하는 경우를 말한다. 예를 들면 신체적 나이는 50세인데, 경험에 근거한 심리적 성숙과 적응수준이 높으면 심리적 나이는 60세가 된 것처럼 생각할 수도 있다.

사회적 나이는 하나의 규범으로 정한 나이로 사회적 나이에 따라 사회적 지위가 결정되고 역할에 대한 기대감이 각각 다르게 형성된다. 사회적으로 노인의 범주에 속하더라도, 자신이 생각하기에 노인이 아닐 수 있기 때문이다.

주관적 나이는 신체적, 생물학적, 심리적, 사회적 나이에 관계없이 자신이 스스로 느끼는 나이를 말한다. 주관적 나이는 자신의 연령을 어떻게 정의하는가, 자신을 어떻게 느끼는지, 어떻게 보고 묘사하는지를 반영하는 나이로 자신이 스스로 보는 태도뿐만 아니라, 타인이 자신을 보는 태도까지 반영한 나이다. 예를 들어 60세의 신체적 나이에 자신을 50세라고 생각하면 그것이 주관적 나이다.

기능적 나이는 개인의 신체적, 심리적, 사회적 기능 등의 정도에 따라 노인을 규정하는 나이를 말한다. 예를 들면 신체적 나이는 50세인데, 신체적, 심리적, 사회적 기능이 떨어져 기능적 나이는 60세가 된 것을 말한다.

결국 노후의 나이는 신체적 나이로 객관적으로 정의할 수도 있지만, 생물학적 나이, 심리적 나이, 사회적 나이, 주관적 나이, 기능적 나이에 의한 다양한 편차에 따라 각 개인은 노후라는 인식을 다르게 받아들일 수 있기 때문에 객관적인 지표와 함께 주관적인 노후 인식에 대한 이해도 함께 이뤄져야 한다.

한국보건사회연구원이 2013년에 발간한 '노후준비 지원정책의 필요성과 방향' 보고서에 따르면, 주관적인 노후시기는 50세에서 95세까지 다양하게 분포되었고, 노후가 시작되는 시기를 평균 67.6세로 나타났다.

〈표 1-2〉 나이의 구분

구분	특징
신체적 나이	-달력에 따른 나이 -법률, 행정절차, 관습의 기준으로 모든 사람에게 똑같이 적용
생물학적 나이	-개인의 생물학적, 생리적 발달과 성숙의 수준과 신체적 건강수준을 나타내는 나이 -신체적 활력을 나타내는 지표 -폐활량, 혈압, 신진대사, 근육의 유연성 등
심리적 나이	-경험에 근거한 심리적 성숙과 적응수준을 나타내는 나이 -기억, 학습, 지능, 신체적 동작, 동기와 정서, 성격과 적성 특성 등 여러 가지 심리학적인 측면에서의 성숙수준 함께 고려
사회적 나이	-하나의 규범으로 정한 나이 교육연령, 결혼 및 출산적령기, 취업연령, 은퇴연령, 자녀결혼, 손주 출생 등 -사회적 나이에 따라 사회적 지위가 결정되고 역할에 대한 기대감이 각각 다르게 형성
주관적 나이	-신체적, 생물학적, 심리적, 사회적 나이에 관계없이 자신이 스스로 느끼는 나이 신체적 나이가 70세 이상인데 스스로 50세 중년으로 느끼고 그 수준에서 사업과 사회적 활동에 적극 참여한다면 그의 자각연령은 50세임

기능적 나이	-개인의 신체적, 심리적, 사회적 기능 등의 정도에 따라 노인을 규정하는 나이 -신체적, 심리적, 사회적 영역 등에서 특정 업무를 적절히 수행할 수 없는 경우를 노인으로 정의 -개인 및 개인 간의 노화의 특성이 다름을 감안함

4. 노후준비의 목적

노후준비의 목적은 노년기에 겪게 되는 여러 변화에 적절히 대응할 수 있도록 대비하는 것을 말한다. 노년기에 겪는 변화 유형에는 개인 및 노후 준비도에 따라 다양하게 구분된다. 노후준비 유형으로는 사람에 따라 신체적, 심리적, 경제적 준비로 구분하기도 하고, 생활 대책, 경제 대책, 주거 환경 대책, 취업 대책으로 나누기도 한다. 또는 가족관계, 사회관계, 경제적, 신체적, 여가 노후준비로 나눈다. 여기서는 경제적 빈곤에 따른 경제 대책, 건강약화로 인한 신체적 대책, 인간관계의 단절로 오는 고독 대책, 노후에 기거할 주거 대책, 노후의 많은 시간을 활용하는 여가 대책, 사회의 변화에 따라가지 못해 생기는 사회적인 고립 대책으로 나누고자 한다.

1) 경제적 노후준비

경제적 노후준비는 노년기에 갖추어야 할 경제적 수준을 위해 합리적이고 실현 가능한 판단에 따라 노후자산을 마련하고, 경제적 독립성을 확보하기 위해 준비하는 정도를 말한다. 즉 경제적 노후준비는 노인이 되었을 때 자녀들로부터 경제적으로 자립할 수 있는 생활과 노화로 인한 질병을 치료하거나 의료복지시설을 이용할 수 있는 생활이 가능하도록 계획하는 것을 말한다.

노후에는 건강한 노후생활을 영위하고, 경제적 자립성을 확보하기 위해 필요한 자산 및 자원이 있어야 행복한 노후생활을 할 수 있다. 노후의 경제적 준비는 경제적 측면 외에도 건강관리, 심리적 안정감, 여가생활 등 생활 전반에 영향을 미친다. 실제로 경제적 궁핍은 의료관리 부족, 영양섭취 미흡, 여가생활 불능, 자존감 하락 등 생활의 다른 영역들까지 부정적 결과를 파생시키므로 경제적 노후준비를 노후준비 중에서 핵심이라고 보는 경향이 많다. 실제로 경제적인 노후준비가 되어 있지 못해서 병원비가 없어 병원을 못 간 채 아프게 노후를 마감할 수도 있으며, 먹고 싶은 것을 먹지 못하고 최소의 생계비로 살아야 할 수도 있다.

2) 신체적 노후준비

신체적 측면에서의 노후준비는 건강을 위해 평소에 노력하는 것을 말한다. 사람은 누구나 노년기에 접어들면 신체적인 노화로 인해 신체구조 및 신체 내부의 세포 조직, 장기 등 신체 전반에 걸쳐 발달이 쇠퇴하게 되면서 신체 기능이 저하되고, 질병을 앓게 될 가능성이 높아진다. 또한 노년기의 건강 문제는 그 자체로도 문제지만 노후기간의 전반적인 삶의 만족도, 심리적, 정서적 안정감이나 고립감에 영향을 미친다.

건강의 악화 및 장애는 의료비 지출과 노동력 상실로 이어져 노년기

경제적 안정을 위협하는 주요 요인이 되며, 심리적으로 위축시키고 사회적 활동 범위를 축소시켜 고독감 및 무력감의 원인이 되는 등 노년기 삶의 여러 영역에 부정적 영향을 미친다. 노년기의 건강은 통상적으로 중년기부터 시작된 노화나 질병이 누적되어 노년기에 이르러 만성질환이 되므로 건강한 노후를 맞으려면 중년기 때부터 건강한 삶을 살아야 한다. 노년기에 건강을 잃으면 결국 의료비용의 지출이 증가하여 고통스러운 생활을 살게 된다.

3) 고독 준비

현대사회의 급속한 사회 변화는 핵가족화 현상, 개인주의의 팽배 등을 일으켰으며, 이러한 현상들은 노인의 심리적 위축 및 소외 문제를 더욱 가중시키고 있다. 또한 직장에서 갑자기 은퇴하게 되면 갑작스러운 역할상실로 인해 소외감과 상실감을 느낄 수 있으며, 은퇴 후에는 가족과 친구들이 곁을 떠나가면서 소외감과 상실감을 느낄 수 있다. 이러한 소외감과 상실감은 노년기의 삶을 고독하게 만든다.

노년기에 겪는 소외감과 상실감 등은 여러 가지 정신건강상의 문제로 파생될 수 있는데, 보건복지부가 발표한 '2014 노인실태조사' 결과에 따르면 노인의 심리적 요인 특히 우울증은 노인 자살 사건 중 50~70%를 차지할 만큼 주요한 요인으로 작용하고 있는 것으로 나타났다. 또한 한국사회의 자살률을 살펴보면, 각 연령대 중 70대 이상 노인 인구의 자살률이 다른 연령대에 비해 높은 비중을 차지하는 것으로 나타났다. 이는 노인들의 자살 문제가 심각하며 아울러 정신건강이 중요함을 알 수 있다.

4) 주거 준비

노인 인구의 급속한 증가에 따른 노인 주거 문제가 대두되고 있다. 급속한 산업화 및 도시화에 따라 맞벌이 부부가 급증하면서 가족 내 노부모의 부양 조건이 악화되고 있다. 따라서 노인들을 위한 주택, 아파트 등의 노인 주거 공간에 대한 관심과 욕구 역시 함께 증가하고 있는 추세이다. 노인들이 나이가 들어감에 따라 만성질환, 육체적·정신적 제약 등으로 인해 실버타운과 같은 노인 주거 시설에 대한 관심 및 의존도가 높아지고 있다. 이러한 범사회적인 고령화 현상에 대한 대비책으로 노후의 건강한 삶을 영위할 수 있는 노년층의 욕구와 취향에 맞는 주거 공간이 필요할 것이다.

특히 베이비부머 세대들은 대가족에서 핵가족화로의 변화를 겪으면서 자녀들을 분가시키고 향후 노후생활을 독립적으로 해야 하기 때문에 주거에 대한 준비가 있어야 한다.

5) 여가활용 준비

한국의 중년세대는 성장을 목표로 하는 시대에서 열심히 살아왔고 그 결과 여가를 즐길 만한 여유와 경제적 능력을 지닐 수 있게 되었지만 어떻게 즐겨야 하는지 막막해 하는 경우가 많다. 이는 시간과 여유를 활용하고 즐기는 교육의 기회가 없었기 때문이다.

은퇴 후 노년기는 일을 하지 않으면 시간적인 여유가 많이 생긴다. 이러한 시간을 효과적으로 사용하는 방법은 여가를 활용하는 방법이다. 그러나 현직에 있을 때도 여가를 즐기는 방법을 모른다면 은퇴 후에는 더욱 여가를 즐기기가 어렵다. 따라서 은퇴 전에 은퇴 후 노년기의 여가를 활용하기 위하여 준비를 해야 한다.

6) 변화로 인한 고립 대비

사람은 나이가 들수록 세상의 변화에 둔해져 가는데 특히 노년기로 접어들수록 변화에 익숙하지 못하게 된다. 점차 세상의 변화를 따라가지 못하면 불편한 생활을 감수하거나 사회로부터 격리가 된다. 따라서 노년기에도 세상의 변화를 받아들이고, 대비해야 한다. 은퇴하기 전에 세상의 변화에 대처하기 위한 교육을 듣거나 자기 계발하는 습관을 갖는 등 준비를 해야 한다.

5. 평균수명 증가로 인한 노후준비 필요성

사람들은 누구나 오래 살고 싶어 한다. 장수는 분명 축복이다. 그러나 평균수명이 증가하는 것이 마냥 기쁘지만은 않다. 이유는 수명은 길어지는 데 반해 직장생활은 짧아지고 노후대책은 미흡하기 때문이다. 은퇴 후유증은 은퇴 후 자녀들의 교육비나 결혼비용이 많이 들어가는 시기에 경제적으로 어려움을 겪게 되고, 은퇴 후 사회에 제대로 적응을 하지 못해서 불행해지는 현상을 말한다.

이미 우리나라는 65세 이상의 인구가 11%를 넘어서 고령사회가 되었다. 2026년에는 전체 인구의 20%에 달해 초고령사회로 접어들 것으로 예측된다. 고령화 속도가 세계에서 가장 빠르다는 일본을 따돌리고 우리가 세계 1위를 차지한 셈이다. 이대로라면 2050년에는 우리나라 노인 인구의 비율은 37.3%로, 세계 제일의 고령 국가가 될 전망이다. 고령화 속도가 세계에서 가장 빠르다는 일본의 평균수명은 2015년 현재 여성 86.99세, 남성 80.75세로 평균 83.87세를 기록하며 각각 일본의 종전 최고 기록을 경신했다. 1960년에는 남녀 평균수명이 55.3세였는데 1980년 들어 65.8세로 증가하였고, 2015년에는 81.8세를 넘고 있다. 2026년에는 87세를 넘을 전망이다.

〈표 1-3〉 노인 인구 증가와 평균수명 추이

(천 명)

구 분	1960년	1980년	2000년	2015년	2026년
전체인구	25,012	38,124	46,789	51,070	50,578
노인 인구	726	1,456	3,168	6,775	10,000
비율(%)	2.9	3.8	6.8	13.1	20.0
평균수명	55.3	65.8	74.3	81.8	87.0
			고령화 사회	고령화 사회	초고령화 사회

* 출처 : 통계청

고령화 현상은 2010년 OECD에서 발간한 한국경제보고서에 의하면 OECD 회원국 중 가장 빠를 것으로 전망된다. 한편 우리나라 노인 가구의 구성을 보면, 2016년 가구주 연령이 65세 이상인 노인 가구의 비중이 총 가구의 20%를 차지하였으며, 노인이 홀로 사는 65세 이상 독거노인 가구의 비중은 노인이 거주하는 가구의 33%를 차지하였다. 이러한 노인 가구의 비중은 지속적으로 증가할 것으로 예상되어, 2030년에는 전체 가구에서 10가구 중 3가구가 노인 가구일 것으로 보인다. 또한 독거노인 가구 비중은 노인이 거주하는 가구의 50%를 차지할 것으로 보여 65세 노인들 중에 절반은 혼자 살 것으로 예측된다.

1990년대만 해도 60세를 넘으면 오래 살았다고 환갑잔치를 했지만 2000년대에 들어서면서는 칠순 잔치가 2010년을 넘으면서 팔순 잔치로 바뀌고 있다. 이러한 속도라면 앞으로 사람들의 평균수명은 90세를 넘게 될 뿐만 아니라 평균수명 100세를 내다보게 된다. 현재 우리나라에는 100세 이상의 인구가 3,500명, 90세 이상은 15만 명을 넘고 있다. 의학자들은 의학 기술의 발달로 장기를 배양하고 교환하는 기술이 보급되어 인간의 수명이 120세까지 증가할 것으로 예측하고 있다. 따라서 앞으로 10년 뒤에는 상수(100세) 잔치를 해야 하는 시대가 다가오고 있고, 실제로 100세를 넘는 사람들이 많이 생겨날 것이다.

문제는 급속한 평균수명의 증가로 인해 은퇴 후에 어떻게 살아야 하는가에 대한 고민이 더욱 깊어지는 데 있다. 인간수명 100세 시대를 기대하는 사람에게 장수는 축복이지만, 노후준비를 하지 않는 사람에게는 재앙이 될 수 있다. 따라서 노후에 다가올 충격에서 벗어나고 싶으면 노후준비를 해야 한다.

6. 은퇴의 정의와 은퇴 현황

은퇴는 시대적 흐름이나 노동시장의 구조 등에 따라 변화하고 점차 다양해지므로 명확하게 정의하기란 어렵다. 은퇴에 대한 사전적 의미는 현직에서 물러나거나 사회활동에서 손을 떼고 한가히 지내는 것을 말한다. 다른 정의를 살펴보면 첫째, 주요한 경력의 직업으로부터 분리되는 것을 말한다. 둘째는, 일부 근로자들이 새로운 직업으로 전환하기도 해서 노동시장으로부터 완전 최종 분리를 의미한다. 셋째는, 은퇴는 단순히 자기 관리적 차원을 넘어선 모든 경제적 활동의 종료를 의미한다.

사회가 고령화되면서 나타나는 주요 문제점 중 하나는 전체 인구 중 은퇴자의 비중이 증가한다는 것이다. 2000년 우리나라의 50세 이상 은퇴 인구는 720만 명으로 전체 인구의 15%에 달하며 도시에 69%, 농촌에 31%가 거주하고 있다. 은퇴 인구는 지속적으로 증가하여 2020년에는 전체 인구의 30%, 2050년에는 48%에 달할 것으로 전망되고 있다. 정부의 고령화 관련 지출 재정규모는 2013년 국내 총생산(GDP) 대비 2.3% 수준으로 OECD 회원국 가운데 가장 낮아 은퇴자에 대한 복지제도나 지원책이 적은 형편이다. 향후 국가에서 은퇴자들에 대한 재정부담의 증가를 통한 복지제도나 지원책이 절실히 필요한 실정이다. 국가의 재정지원이 현재와 같은 상태라면 앞으로 은퇴를 위해서 많은 준비가 절실히 필요하다.

현재 우리나의 은퇴자는 주로 50대의 베이비부머 세대와 60대 이후 기존 은퇴자들로 구분할 수 있다. 2010년부터 우리나라는 베이비부머 세대들의 은퇴가 본격적으로 시작되었다.

베이비부머 세대들의 은퇴 후 특징을 보면 이들은 은퇴 후에도 진취적이고 긍정적인 사고로 여유를 즐기며 새로운 인생을 살아가려는 성향을 가지고 있다. 또한 이들은 어느 정도 여유 있는 삶을 살고 싶고, 적극적인 소비의욕을 기반으로 자기만의 취미생활과 레저 활동을 하고 싶으며, 미래보다는 현재에 충실하고자 하는 욕구가 강한 것이 특징이다. 은퇴 후에도 자녀들을 독립시키고, 사회에서 활발한 활동을 하면서 보수는 적어도 직업이 있어야 한다고 생각하는 것이 특징이다.

반면 기존 은퇴자들은 은퇴 후에 완고하며 보수적인 삶을 살면서, 인생의 황혼기를 보내려는 성향을 가지고 있다. 또한 이들은 노후준비가 거의 되어 있지 않기 때문에 검소하고 소박하게 살아야 하고, 따라서 비용이 적게 드는 취미생활을 하면서 노후를 보내길 원한다. 또한 자녀와 같이 살기를 바라며 심지어는 자녀에게 경제적으로 의존하고 싶은 생각을 가진 것이 특징이다.

〈표 1-4〉 베이비부머 세대의 특징

구분	기존 은퇴자	베이비부머 세대
이미지	완고함, 보수적	밝고 유연함, 합리적, 긍정적
삶의 태도	검소하고 소박, 한정된 취미생활	여유와 즐거움, 다양한 취미생활
노년 의식	인생의 황혼기	새로운 인생의 시작

독립성	자녀에게 의존	자녀와의 동거 거부
노후설계	무계획, 자녀 용돈에 의존	계획된 노후설계로 독립을 추구
가치관	세대 간 단절, 변화 거부	변화에 개방적, 다른 세대와 소통
레저관	일에 재미 느낌, 여가는 수단	여가 자체가 목적
여행	단체여행, 효도관광	여유 있는 부부여행, 자유여행
대인관계	경로당에서 노인끼리 교류	동호회 활동 등 폭넓은 대인관계

출처: 삼성경제연구소, 2011년 3월 SERI 경영노트 제 96호

7. 성격에 따른 은퇴 후 유형

사람들은 은퇴를 하게 되면 자신의 성격에 따라 은퇴 후 생활에 적응하는 방식이 다르다. 은퇴 후 적응방식을 성격, 적응 양식을 가지고 분석해보면 다음과 같은 방법으로 은퇴 후에 적응을 하고 산다.

1) 만족형

만족형은 모든 것을 좋게 보는 긍정적인 성격을 가진 사람들로서, 은퇴 후 모든 일에 긍정적으로 생각하는 유형을 말한다. 이 유형은 은퇴 후 삶에 대해서 자신의 삶을 그대로 받아들이고 일상생활이나 대인관계에서 만족을 느낀다. 그리고 인생을 후회 없이 열심히 살아왔기 때문에 적당한 휴식을 취하고 있다고 생각해서 은퇴 후 삶을 만족해한다. 이런

유형은 일생이 값진 것이었다고 느끼고 미래에 대한 공포가 없으며 퇴직 후의 생활을 행복하게 생각하면서 산다.

2) 은둔형

은둔형은 남들 앞에 나서는 것을 꺼려하는 성격이라 사람 만나는 것을 두려워해서 사람과의 만남을 줄이고 조용한 생활을 하는 유형을 말한다. 이 유형은 직장을 다니면서 너무 지쳤던 사람들이 은퇴 후에는 모든 것에서 떠나고 싶을 때도 나타난다. 그러나 일반적으로 직장을 은퇴하고 나서 스스로가 무능하다고 여겨 아무것도 못한다고 생각하는 사람은 다른 사람을 만나면 스스로 무능력한 사람으로 인식하는 것이 두려워 사람을 만나는 것을 기피하게 된다. 이런 유형은 사람과의 관계를 줄이고 시골이나 사람들과 거리가 먼 곳에서 은퇴생활을 한다.

3) 노력형

노력형은 은퇴하고 나서 행복한 삶을 누리기 위해 새로운 직업을 찾거나 미래의 불안을 없애려고 노력하는 유형을 말한다. 이 유형은 은퇴 후에도 새로운 일을 하기 위해 계속 무언가를 배우고, 직장을 다닐 때 회사 밖에서 가지고 있던 동창회나 모임 등의 사회 활동을 계속 유지하려고 노력하는 사람들이다. 이런 유형은 은퇴 후의 나태함이나 무력함을 받아들이지 않고 계속 새로운 것을 하기 위해서 애쓰거나 자신의 능력 감소를 막으려 노력하면서 산다.

4) 분노형

분노형은 은퇴 후의 삶이 만족스럽지 못하거나 불행하다고 생각하는 사람이 그 원인을 사회나 다른 곳에 돌리는 유형을 말한다. 이러한 유형은 자신은 정상인데 회사에서 나를 쓸모없어서 일을 그만두게 하였다고 비통해 한다. 또한 은퇴 후 자신의 처지를 인정하지 않을 뿐만 아니라 자신이 불행하게 사는 이유를 나를 둘러싼 경제 사정, 부모, 형제, 자녀 등 다른 곳으로 돌리며 분노를 표현하면서 산다.

5) 자학형

자학형은 은퇴 후의 삶이 만족스럽지 못하거나 불행하다고 생각하는 사람이 그 원인을 자신에게 돌리는 유형을 말한다. 자학형은 분노형과 비슷하지만, 분노형은 원인을 내가 아닌 주변 때문이라고 생각하는 반면, 자학형은 원인을 자신 때문이라고 생각한다. 이 유형은 은퇴 후 자신의 삶을 실패한 것으로 보고, 그 원인을 자기 자신에게 돌리고 자신을 꾸짖으며, 살아온 삶을 후회하면서 산다.

6) 자아통합형

자아통합형은 균형 있고, 조화로운 성격으로, 남은 인생을 설계하고 실천하면서 여가를 즐기고 봉사하는 유형을 말한다. 이 유형은 가정과 사회에서 다른 사람들에게 긍정적인 영향을 미친다. 그리고 지나온 삶을 수용하며 자신을 사랑한다. 또한 타인을 돌보면서 다른 사람을 수용하고 나누고 베푸는 것을 실천한다. 그리고 다가오는 죽음을 잘 준비하여 아름다운 인생 마무리를 하는 유형이다.

이 중에서 노력형이 은퇴 후의 적응방식에 있어서 가장 이상적이라고 한다면, 만족형과 자아 통합형은 비교적 잘 적응한 경우이고, 은둔형, 분노형, 자학형은 적응에 곤란을 겪고 있다고 할 수 있다. 물론 이러한 적응방식은 일생을 통한 성격 형성 과정의 결과로 나타난다. 그러나 후천적으로 마음가짐이나 습관을 바꾸면 충분히 부정적인 적응방식이라도 긍정적인 적응방식으로 바꿀 수 있다.

8. 건강을 잃게 만드는 퇴직 후유증

퇴직은 현직에서 물러나는 것을 말한다. 퇴직에는 자발적으로 정년이나 명예퇴직이 있지만 비자발적으로는 실직을 당하기도 한다. 직장을 다니던 사람들은 자신이 자발적이든 비자발적이든 직장을 그만두고 퇴직을 하게 되면 정신적인 충격을 받는 것을 퇴직 후유증이라고 한다.

퇴직 후유증은 퇴직을 하게 되면 누구나 경험하는 것이나 정도의 차이는 있다. 그리고 자발적인 퇴직이냐 비자발적인 퇴직이냐에 따라서 정도의 차이가 큰 편이다. 실제로 비자발적인 실직에 의하여 갑자기 회사를 그만둔 경우에는 정신적으로 큰 충격을 받게 된다. 당장 다닐 직장이 없는데다 급여가 더 이상 통장에 안 찍히는 것을 보면서 심한 충격에 빠져 공황상태에서 헤어나지 못하기도 한다. 때로는 퇴직 후 대인관계를 기피하면서 외부 출입을 중단하고 자폐증에 가까운 증세를 보이기도 한다.

자발적인 성년이나 명예퇴식을 하더라도 직장이 전부였던 사람들은, 직장을 떠나서는 말 그대로 할 일이 없어진다. 친구가 많지 않은 사람은 퇴직 후 인간관계가 급속히 감소하면서 여가 시간을 뭐하고 지낼까 고민한다. 더욱이 뚜렷한 취미도 없으면서 오직 직장생활만이 삶의 전부인양 충실하였던 사람이나, 휴일에도 출근하거나 퇴근 시간 이후에도 직장을 떠나는 것이 쉽지 않았던 일중독자들은 더 큰 좌절에 빠지게 된다. 또한 자신은 젊은데 사회나 가정에서 자신이 필요 없는 존재가 되었다는 무기력, 자괴감과 무능력하다는 자격지심이 매우 크게 작용해서 우울감이 지속된다.

일반적으로 은퇴자들은 퇴직 후 1개월 정도가 지나면 집에서 TV 시청이나 독서 등으로 시간을 보내는 비중이 높아진다. 행여 퇴직을 하게 되면 편안하게 푹 쉬면서 국내나 해외여행을 마음대로 다녀야겠다는 계획을 가지고 있던 사람들도 막상 퇴직을 하고 보면 뜻대로 되지 않는다. 퇴직 후유증을 심하게 앓는 사람들은 두통, 흉통 등 각종 통증과 식욕감퇴, 불면 등 여러 신체 증상이 나타나고 불안, 초조, 우울 등의 심리적 증상이 나타난다. 어떤 경우에는 모든 것에 의욕이 감퇴하고 갑자기 늙어버리기도 하고 심한 경우에는 화병에 걸려 결국 건강을 잃게 되는 경우도 있다.

일반적으로 퇴직 후유증은 여성보다 남성이 심한데 이는 가족들과 정서적 유대관계를 중요시하는 여성과 달리 남성은 일을 중요시하기 때문이다. 또한 보통 직장인보다 고위직에 있었던 사람일수록 퇴직 후유증이 심한데 이는 역할과 지위가 높아서 습관적으로 대접을 받다가 일자리를 떠나는 순간 모든 것을 잃기 때문이다.

성격적으로 퇴직 후유증을 받는 정도의 차이를 분석해보면 내성적인 사람이 외형적인 사람보다, 부정적인 사고를 가진 사람이 긍정적인 사고를 가진 사람보다, 강박관념을 가진 사람이 여유로운 사람보다, 주관적으로 생각하는 사람이 객관적으로 생각하는 사람보다, 예민한 사람이 둔한 사람보다, 이기적인 사람이 이타적인 사람보다, 업무에 있어서 완벽함을 추구하는 사람이 업무를 대충하는 사람보다 스트레스를 잘 받는다고 할 수 있다.

또한 여러 직업을 가져본 사람이나 퇴직을 여러 번 경험해본 사람들은 퇴직 후유증이 많지 않지만, 처음부터 한 직장만을 다니며 소위 한 우물만 판 사람들은 퇴직 압박을 크게 느끼며 스트레스를 받는다.

〈표 1-5〉 퇴직 후유증이 강한 사람과 약한 사람

	후유증이 강한 사람	후유증이 약한 사람
성 격	내성적	외형적
	부정적	긍정적
	강박	여유
	주관적	객관적
	예민한 사람	둔한 사람
	이기적	이타적
	완벽	대충
경 험	없음	많음

이처럼 퇴직이라는 같은 사건으로 동일한 경험을 직접 했어도 퇴직 후유증을 받아들이는 강도는 사람마다 다르다. 선천적으로나 후천적으로 신경이 예민한 사람, 외부자극에 민감한 사람들은 심한 상처를 받게 되고, 부정적인 생각으로 걱정하는 것이 습관이 된 사람은 사건 자체를 확대시켜 퇴직 후유증이 더 크다. 스스로 만들어낸 내부의 스트레스가 가해져 깊은 상처를 받는 것이다.

9. 배우자를 병들게 하는 은퇴증후군

직장을 퇴직하고 나면 남자들은 퇴직 후유증으로 시달리지만 여자들은 은퇴증후군으로 시달린다. 은퇴증후군(RHS ; Retired Husband Syndrome)은 1991년 일본의 신경정신과 전문의인 노부오 쿠로카와(Nobuo Kurokawa) 박사가 처음 명명한 것으로, 남편이 은퇴할 시기가 다가오면 아내의 스트레스 강도가 높아져 몸이 자주 아프고 극도로 예민해지는 현상을 말한다. 남편이 은퇴한 후에 안방을 차지하고 앉아 잔소리만 하게 되면 여성들은 화가 쌓여 우울증이나 발진, 두통을 비롯한 다양한 증세를 보이는 것으로 나타났다. 쿠로카와에 따르면, 일본 노년기 주부의 60% 이상이 은퇴증후군에 걸려 있다고 한다.

은퇴증후군 때문에 고통을 겪고 있는 세대는 2차 세계대전 종전 이후 태어난 베이비붐 세대로, 남편은 가족을 위해 돈을 벌어야 하며 아내는 남편과 가족을 위해 희생해야 한다는 사회적 분위기 속에서 자라온 세대이다. 아내는 남편이 직장을 다니는 동안에는 집 안에서 살림하며 자신을 희생하지만, 남편이 직장을 그만두고도 가사를 돕지 않고 집 안에서 놀거나 잠을 자는 모습을 보면 울화병이 생긴다.

특히 여성들은 남성 호르몬이 배출되는 50~60대에 접어들면, 그 스트레스는 참을 수 없는 수준에 도달한다. 늘 바깥일을 하던 남편과 집 안에만 있어야 하니, 함께하는 생활방식에도 적응해야 하고 늘 옆에서 뒤치다꺼리를 해야 하기 때문이다. 직장을 위해 가정을 등한시했던 가부장적 남편을 평생 참고 살아왔던 일본 아내들은 남편의 정년퇴직을 전후해 은퇴증후군에 시달린다. 신체적으로는 남편이 집에 있다는 생각만 하면 온몸에 두드러기가 돋아나고 심한 위통이 찾아오는 경우가 많다.

이러한 일본 중년여성들은 스트레스를 해소할 새로운 대상을 찾게 되는데, 의외로 황혼이혼은 적지만 테디 베어 같은 봉제인형을 수집하거나 유명 연예인에 집착하면서 자신의 스트레스를 푼다. 그래서 우리나라의 한류 스타들이 일본 중년 여성들의 열광적인 사랑을 받는 것도 한 이유이다.

문제는 이와 같은 현상이 우리나라에서도 발생하고 있으며 퇴직한 남편을 둔 주부들이 실직한 남편 때문에 스트레스를 받아 정신적・육체적 이상을 겪는 현상이 증가하고 있다. 이러한 상황에서 은퇴 후 집에서만 지내고 아내의 주위만 맴돌며 귀찮게 구는 남편을 신발에 붙어 잘 떨어지지 않는 거추장스러운 낙엽에 빗대어 '젖은 낙엽 증후군'이라고 부르고 있다.

한국 사회에서는 '아내가 이사 갈 때 버리고 갈까 짐칸에 먼저 올라탄다', '아내가 가는 곳마다 따라다니다 부녀회까지 간나'라는 식으로 젖은 낙엽을 표현하는 유머가 회자되고 있다. 은퇴 후에 나타나는 남성과 여성의 행동들을 보면 다음과 같다.

〈표 1-6〉 은퇴 후 나타나는 남성과 여성의 행동

남편들의 행동	여성들의 행동
–잠옷 차림으로 종일 거실에서 빈둥거린다. –집에만 있는다. –멋을 내지 않고 초라해진다. –거실에 누워 TV만 시청한다. –매사 참견한다. –반찬 투정을 한다. –아내가 외출하려면 꼬치꼬치 묻는다. –아내의 전화에 귀를 쫑긋 세우고 듣는다. –부쩍 인색해진다. –시장에 따라 나서려 한다. –옆에 붙어 앉는다. –밖에 있으면 수시로 전화 확인한다. –우울증이 나타난다. –사소한 일에도 쉽게 화를 낸다.	–남편이 집안일을 해주기를 바란다. –자유롭게 외출하려 한다. –다양한 이야기를 하고 싶어 한다. –여자로서 대우 받고 싶어 한다. –구속받기 싫어한다. –가사노동에서 해방되고 싶어 한다. –다양한 문화생활 및 취미생활을 즐기려 한다. –우울증이 나타난다. –사소한 일에도 쉽게 화를 낸다.

우리나라는 일본과 달리 남을 의식하는 경향이 많기 때문에 남편들이 퇴직을 하게 되면 생활환경의 변화로 심한 스트레스를 받는다. 여성들은 남부럽지 않게 풍요로운 생활을 유지해야 하는데, 돈을 못 벌고 집에만 있는 남편을 보니 한심해서 화가 나고 속상해하며 스트레스가 심하다. 이러한 이유로 이미 애정이 식은 부부 간에는 갈등만 존재한다. 이러한 상태가 지속되면 은퇴증후군을 겪는 주부들뿐 아니라 이혼을 준비하는 부부가 증가하는 현상이 발생할 것이다.

은퇴증후군을 줄이는 방법은 남편이 돈을 벌고 부인은 가사를 해야 한다는 고정된 성 역할 인식에서 탈피해 역할을 재정립하고 유연한 성 역할 분담이 필요하다. 같이 있는 시간이 증가함에 따라 대화도 늘어야 하는데 대화를 늘리기 위해서는 같이할 수 있는 취미생활 등을 찾아보고 남편으로 하여금 가사를 돕게 하거나 공통의 관심사를 만들어가는 것이 필요하다. 또한 남편들은 외부활동을 많이 해서 집에 있는 시간을 줄이는 것이 좋으며, 주부들은 이전에 해오던 활동들을 그대로 유지하고 되도록 남편에게 많은 시간을 투자하지 말아야 지치지 않고 갈등도 줄일 수 있다.

10. 노후설계 전문가의 직무 및 전망

사람의 수명이 연장될수록 노년기에 대한 불안은 높아질 수밖에 없다. 은퇴를 앞둔 사람들은 누구나 노후준비를 어떻게 해야 할지 고민한다. 노후에 다가오는 변화는 다양하고 복잡하기 때문에 전문적인 지식이 필요하다. 노후준비에 대한 많은 지식을 알고 있다고 행복한 노후생활이 되는 것이 아니라 노후를 맞이하기 전에 준비하고 실천해야 한다. 따라서 행복한 노후를 위한 노후설계는 전문가에게 맡기는 것이 훨씬 효과적일 수 있다. 더욱이 행복한 노후생활을 원하는 은퇴자들이 더욱 증가할 것으로 예측되기 때문에 노후설계 전문가는 앞으로 유망직업이 될 것이다.

노후설계 전문가는 행복한 노후생활을 꿈꾸는 직장인이나 은퇴자를 대상으로 상담이나 코칭을 통해 행복한 노후생활을 할 수 있도록 노후설계를 해주고, 실천할 수 있도록 도와주는 일을 한다. 또한 행복한 노후를 위하여 자신이 가지고 있는 경력, 성격, 상황, 경제적 수준, 학력, 인간관계, 여가 성향, 신체적 조건을 분석하여 그에 맞는 노후의 변화 정보를 주고, 상담을 통해 노후설계를 해주고 실천하도록 이끌어 준다.

1) 직무

노후설계 전문가의 구체적인 직무를 보면 다음과 같다.

① 은퇴 후의 충격을 대비하게 한다.

② 은퇴 후 환경 변화에 대해서 효과적으로 적응할 수 있도록 변화 관리를 하게 한다.
③ 개별적으로 보유한 경력, 학력, 능력, 경제적 수준, 인간관계, 여가 성향, 신체적 조건 등을 객관적으로 인식하게 도와준다.
④ 내담자에게 맞는 노후의 변화 정보를 제공해준다.
⑤ 행복한 노후생활을 할 수 있도록 노후설계를 해준다.
⑥ 잠재능력을 찾아내어 자신감을 갖게 한다.
⑦ 자아효능감을 높여서 노후생활에 적응할 수 있도록 도와준다.
⑧ 성공적인 구직을 할 수 있도록 도와준다.
⑨ 인간관계 능력을 향상시켜준다.
⑩ 자산관리를 효과적으로 할 수 있도록 돕는다.
⑪ 노년기의 정신적 건강과 신체적 건강을 관리하도록 돕는다.
⑫ 여가활동을 통하여 취미생활을 효과적으로 할 수 있도록 돕는다.
⑬ 사회참여와 봉사활동을 할 수 있도록 돕는다.
⑭ 주거 문화를 변화를 위하여 컨설팅 한다.
⑮ 노년기에 예상되는 어려움들을 극복할 수 있도록 코칭한다.

2) 전망

노후설계 전문가는 정부의 신(新)직종 육성정책에 의해 선정된 유망 직업 분야로 취업 및 프리랜서로 활동할 수 있다. 노후설계 전문가의 세부 전망을 보면 다음과 같다.

① 노후설계 전문가로서 내담자를 상담 및 코치.

② 노인복지관련 기관, 사회복지재단, 50+재단 및, 평생교육기관 생애설계 및 시니어 플래너 강사로 활동 및 취업활동.

③ 은퇴 후 미래 유망 직업을 준비하고 계신 분 등 은퇴 후 자신의 정체감 형성.

④ 생애설계 강사, 시니어플래너로 활동

⑤ 노후설계 강사, 커리어코치로 활동

⑥ 은퇴전문가, 실버코치로 활동

⑦ 전직지원전문가, 진로직업지도사 활동

제2장

자산관리

은퇴 후 행복한 노후생활을 하기 위해서는 가지고 있는 자산 대비 생활비, 교육비, 세금, 차량유지, 국민연금, 보험료, 대출금상환금, 의류비, 여행비, 외식비, 보험료, 적금, 자녀결혼자금 등 등 고정적인 지출을 꼼꼼히 살펴보고 과소비가 없는지 살펴보고 고정 지출을 항목마다 조금씩 줄여나가는 자산관리를 해야 한다.

1. 노년기 돈의 의미

취업포털 사이트 커리어가 2013년 직장인을 대상으로 한 '직장인 노후설계' 조사에 따르면 54.17%의 직장인들이 이상적인 노후생활을 위해 가장 필요하고 중요한 것으로 '돈'을 선택한 것으로 나타났다. 건강이라고 말한 직장인은 이보다 크게 적은 31.25%였으며 '마음의 여유'라고 답한 직장인은 14.58%에 불과했다. 이 결과를 보면 행복은 돈에서 비롯되는 것처럼 보인다. 돈이 있으면 행복할 수 있는 조건들을 구매할 수 있기 때문이다.

돈은 사람을 편하게 만들고, 행복을 주는 것 같지만, 사람이 돈을 벌려는 것은 결국 그 돈으로 다른 무엇을 사거나 하기 위해서이다. 결국 돈은 행복을 위해 필요한 것을 사기 위한 수단일 뿐 최종적인 목적이 될 수 없다.

갤럽이 2006년에 실시한 '생활에 대한 만족도와 1인당 GDP'에 대한 조사에서는 평균 수입이 높을수록 생활 만족도가 높은 것으로 나타났다. 국가끼리의 비교뿐만 아니라 한 국가 안에서도 수입에 따라서 만족도는 비례해서 올라갔고, 중산층 이상을 비교해봐도 수입이 올라갈수록 자기 인생에 대해 만족하는 경향이 높게 나타났다. 한편 1인당 GDP와 삶의 만족도는 비례 관계가 있지만, GDP가 연간 8,000달러를 넘어가면 만족도와 수입은 관계가 없어진다는 결과가 나왔다. 실제로 가장 행복지수가 높은 부탄이나 삶의 만족도가 높은 방글라데시 같은 나라들을 보면 경제적으로는 어려워도 행복도나 만족도가 높은 것을 알 수 있다. 따라서 행복한 수단으로 돈은 필요한 것이지만 절대적이지 않다. 즉 행복의 정도를 수치화하여 경제적인 수준과의 관련성을 살펴보는 연구는 객관화하기가 어렵다.

돈은 행복의 절대적인 요소가 아니지만 행복에 중요한 요소이다. 돈이 많으면 그만큼 행복에 필요한 요소들을 구매할 수 있기 때문이다. 그래서 사람들은 인생의 목표를 설정할 때 돈을 많이 버는 것을 목표로 세우는 경우가 많다. 그래서 가끔 뜻하지 않은 수입이 들어오면 횡재했다거나 행운이 왔다고도 표현한다. 실제로 도박장에서 돈을 따거나 복권이 당첨이 되었을 때 운이 좋다고 하거나 행복하다는 표현을 하기도 한다. 심지어 돈만 가지면 못할 일이 없을 것처럼 생각하는 사람들도 있다. 돈을 가지면 권력과 명예도 얻고, 필요한 물건을 언제든지 살 수 있는 구매의 즐거움도 누릴 수 있으며, 돈으로 어려운 사람들을 도울 수 있는 보람을 느끼게도 해준다. 한편 행복을 살 수 있다고 생각하는 사람도 있다. 실제로 돈을 갖지 못하면 살 수 있는 것이 부족할 뿐만 아니라 인생이 불행해지는 경우도 많다. 어떤 가족은 돈으로 인해 분쟁이 일어나거나 관계가 소원해지는 경우도 흔히 볼 수 있다. 하지만 부모와 자식 간의 관계는 돈이 아니다. 함께 살아가면서 서로 이해하고 수용하며, 사랑하고 존중하는 가운데 정을 나누고 어려움이 있다면 함께 해결해야 한다.

돈으로는 사람들에게 존경을 받을 수 없다. 재벌들이 사회에서 존경받지 못하고 돈을 지키려 편법, 탈법 등 불법을 저지르며 공분을 사는 것을 보면 돈은 존경의 대상이 될 수 없다. 그래서 돈 쓰는 방법을 보고 그 사람의 인격과 연관 짓는 것이다. 특히 노후시기 돈에 대한 불안은 누구에게나 있을 수 있으나 가치 있고 의미 있게 쓸 줄 알아야 한다.

2. 행복한 노후를 위한 자산관리

자산관리란 원래 금융회사가 소비자에게 위탁을 받아 자금을 운용하는 것을 말하지만, 노후를 위한 자산관리는 자신이 가지고 있는 물적 재산과 동산 등을 노후의 지출에 대비하기 위해서 관리하는 것을 말한다. 행복한 노후생활을 위해서는 은퇴 후 경제 상태를 미리 점검해야 한다. 행복한 노후를 살기 위해서는 미래의 지출을 예측하고, 현재 가지고 있는 자산 상황을 정확히 이해해야 한다. 이러한 자산관리는 누가 해주는 것이 아니라 스스로 해야 한다. 물론 자산관리에 대한 자신이 서지 않는다면 자산관리 전문가의 도움을 받아 남아 있는 여생 동안 사용할 수 있는 충분한 재무를 확보하거나, 지출계획에 맞게 자산관리를 해야 한다.

은퇴하고 노년기가 되어도 우리의 욕구를 충족하기 위한 소비는 이전과 크게 다르지 않다. 음식, 주거, 의복, 세금은 여전히 기본적으로 필요할 뿐만 아니라 나이가 들수록 병원비가 많이 들기 때문에 오히려 젊었을 때와 비교하여 지출은 크게 감소하지 않을 수 있다.

노후준비에 있어서 재무설계가 중요한 이유는 모든 개인의 기본적인 욕구를 충족할 뿐이 아니라 생각지 못한 지출에 대비하기 위해서도 기본적으로 예비된 재무가 있어야 한다는 것이다. 나아가 여유 있는 경제생활로 행복한 노후를 보내려면 더욱 자산관리가 필요할 것이다.

자산관리를 잘하면 뜻하지 않은 지출에 대해서도 적절한 대응을 할 수 있지만, 자산관리를 잘 못하게 되면 한정된 자산을 과지출하게 되어 노후가 고통스러운 삶이 될 수 있기 때문이다.

예를 들어 장기적인 자산 운용 계획이 갑자기 틀어져 버리는 경우는 얼마든지 발생할 수 있다. 나름대로 돈을 벌고, 투자도 하고, 자산을 불려 두었는데, 자신 또는 배우자가 병에 걸려서 치료 또는 간병비가 준비한 재무로 처리하기에는 역부족인 상황이 발생한다면, 생존 기간 동안 해결해야 할 경제적 비용을 감당하기 어려울 것이다.

또는 자신이 약 85세까지 살 수 있을 것이라고 예상하고 노후자금을 예비해두었는데, 생각보다 훨씬 오래 살게 되어 100세까지 생존하게 된다면 원래는 대비하지 않았던 나머지 15년간의 노후는 답이 없을 것이다. 따라서 행복한 노후를 위해서는 발생 가능한 노후의 경제적인 문제에 대하여 다양하게 계산하고 대비할 수 있어야 한다.

노후의 자산관리는 우리가 인생을 살면서 생길 수 있는 다양한 변수를 계산하고 대비할 수 있어야 한다. 미리부터 치밀하게 계산하고, 대비해두지 않으면 큰 부담에 직면할 수도 있다. 이처럼 행복한 노후생활을 원한다면 미래를 대비한 재무설계를 통하여 노후를 보다 현명하게 대비할 수 있다.

쓸 만큼 쓰고 남는 돈으로 은퇴, 노후준비를 할 수 있는 사람은 많지 않다. 현재를 살아가기에도 빠듯한 소득 때문에 여력이 없다고 말하는 사람들은 은퇴, 노후준비 자금을 비상금 정도로 여기는 경향이 있다. 은퇴, 노후준비 자금을 내 집 장만을 위한 자금처럼 뚜렷한 목적 자금으로 인식하고 지금 당장 할 수 있는 것부터 실행해야 한다.

1) 노후생활 자금을 구체적으로 계산한다.

막연히 많이 모으면 좋겠다거나 현재의 생활에서 남는 자금으로 얼마간 투자한다는 개념으로는 제대로 된 실행 전략을 찾기 어렵다. 노후의 월 생활비를 기준으로 약 30년간 사용할 돈의 총액을 계산해서 목적 자금의 규모를 결정한다.

2) 지출 우선순위를 재검토한다.

현재 생활비, 즉 식료품비나 외식비, 생활 잡비 등에서 지출을 줄일 여지가 없는지 살펴봐야 한다. 주택 관련 저축, 부채 비중을 낮추거나 양육과 교육에 투자하는 비용을 재조정 할 수 있다.

3) 최적화된 보험, 금융 상품을 찾아본다.

정기적으로 들어가는 보험과 예·적금 등 금융 상품들의 불입금이 쌓이면 제법 큰돈이 된다. 이 돈이 현재 지출 구조에서 차지하는 비중이 적당한지, 점검하고 재검토해야 한다. 은퇴, 노후설계에 초점을 맞춘 전문 설계사와 상담 받는 것을 추천한다.

4) 비재무적 노후준비에 관심을 기울인다.

노후준비라고 하면 자산에 초점을 맞추는 경향이 있다. 하지만 건강, 사회적 관계, 자기계발 등의 비재무적 요소들도 중요한 부분이다. 노후까지 건강한 삶을 유지하고 스스로 가치를 높여 재취업의 기회 또한 마련할 수 있다.

3. 일찍 할수록 효과적인 자산관리

노후생활을 가장 행복하게 하는 노후준비는 입사를 하면서 시작하는 것이 가장 좋다. 예를 들어 직장생활을 30세에 시작해서 60세에 은퇴한다고 가정할 때, 입사 시기부터 은퇴 시기까지 노후준비를 하면 30년 동안 노후를 준비하는 것과 같다. 그렇다면 은퇴 후에 준비한 만큼 행복한 노후생활을 할 수 있기 때문에, 은퇴 후에 30년이 행복해진다. 예를 들어 30세 때 첫 월급에서 월 30만 원씩 빼서 노후준비를 위한 적금이나 개인연금에 가입하여 60세에 은퇴한다면 30만원×30년×12월=1억8백만원이다. 이자를 고려하면 2억 원 정도 된다. 2억 원은 은퇴자금으로 월 300만 원씩 쓴다면 5년 동안 사용할 수 있는 액수다.

자산관리는 나이가 들수록 어렵다. 입사해서 시간이 지날수록 보수는 증가하지만 지출도 증가하기 때문에 자산을 모으기가 쉽지 않다. 30대는 입사와 함께 결혼 생활을 시작하는 시기로 당장 출산과 육아에 지출을 많이 해야 하기 때문에 노후를 위한 자산관리는 생각조차 못하고 지나가기 쉽다.

40대는 자녀들이 중·고등학교에 진학하게 되고, 일반적인 사람은 집을 마련하기 시작하면서 많은 지출을 하기 때문에 노후를 위해서 자산관리를 하는 것은 엄두를 내지 못하게 된다.

50세가 넘으면 노화현상이 시작되면서 회사를 다니는 사람은 고위직에 올라가는 시점이며, 일찍부터 사업을 한 사람은 안정된 생활을 하는 시기라고 할 수 있다. 자녀들은 대학에 다니거나 졸업하는 시기이며, 직장을 얻고 결혼을 하는 시기다. 자녀들이 대학에서 장학금을 받거나, 직장에 일찍 취직해서 결혼 자금을 미리 모은다면 부모 입장에서 지출을 많이 하지 않아도 되지만, 대부분의 경우는 부모가 대학 등록금과 결혼자금을 주는 경우가 많다. 이러다 보면 모아 놓은 자산마저 지출하게 되고, 노후준비를 전혀 하지 못한 채 은퇴를 하게 된다.

대부분의 사람들이 은퇴가 얼마 남지 않은 시점에 은퇴 후의 삶이 불안해져 본격적으로 은퇴 후 준비를 해야겠다고 생각한다. 그러나 은퇴가 얼마 남지 않을수록 준비할 수 있는 기간이 적어서 남은 여생을 행복하게 만들기에는 한계가 있을 수밖에 없다. 아무리 늦어도 50대가 시작되는 시점에서는 은퇴설계를 해야 한다.

통계청이 발표한 '2017년 가계금융·복지조사'에 따르면 2016년 50대 가구주의 부채를 뺀 순자산은 평균 3억 6000만 원에 불과하다. 문제는 이 정도의 자산으로는 60세 이후 노후 40년을 버티기에는 턱없이 적다는 것이다. 국민연금도 1969년생부터는 65세 이후에 적용되기 때문에 60세에 퇴직해도 국민연금이 바로 나오지 않는다.

아무런 대비 없이 퇴직하게 되면 100세에 이르는 기나긴 인생을 제대로 보낼 수 없을 뿐만 아니라, 은퇴준비를 하지 못한 것에 대해 상당한 후회감과 우울증을 겪기도 한다. 이것은 비단 경제적인 부분만 따져본 것이고 친구관계에 대한 대비, 건강을 유지하기 위한 대비, 세상의 변화에 대한 대비가 있어야 할 것이다.

4. 은퇴 후에 필요한 은퇴자금

은퇴자금은 은퇴 후에 고정적인 연금과 같은 소득이 생기기 전까지 자녀교육이나, 자녀결혼, 부모 봉양 등에 들어가는 비용을 말한다. 말 그대로 은퇴 후에 수입이 없이 오직 벌어 놓은 돈으로 생활을 유지해 나가야 할 때 지출하는 것을 말한다.

독일이나 미국, 영국, 캐나다 등 선진국의 경우 연금 수급률이 50%를 넘기 때문에 은퇴 후 예상되는 연소득이 은퇴 직전 소득의 50%를 넘는 것에 비하면, 우리나라 직장인들의 은퇴 후 소득은 연금 수급률이 현저히 떨어지기 때문에 연금에만 의존하려던 직장인들은 미래 은퇴 후 생활에 비상등이 켜질 수밖에 없다.

은퇴 후는 월급이 없어지기 때문에 경제적으로 부담이 많은 시기이다. 은퇴하는 세대는 자녀들의 높은 사교육비를 부담하거나 결혼을 지원해야 하며, 노령의 부모님을 부양해야 하는 책임을 동시에 짊어지고 있기 때문에 정작 자신의 노후를 대비하기 위해 저축할 여력이 없을 때이다.

예를 들면 자녀 2명을 4년간 대학에 보낼 때 드는 비용은 등록금만 따져보아도 약 500만 원씩 1인당 4,000만 원이 들고, 2명이면 8,000만 원이다. 여기에 용돈과 교재비용까지 고려한다면 최소 1억이 더 필요하다. 게다가 결혼식 비용은 딸의 결혼비용은 5,000만 원에서 1억, 아들의 결혼비용은 집을 사주거나 임대를 해줘야 하기 때문에 최소 2억에서 5억은 들어야 한다. 따라서 자녀 2명을 대학에 보내고 결혼시키기 까지는 많게는 10억에서 적으면 최소 3억 원은 든다.

결국 은퇴 후에는 경제생활을 하지 못하기 때문에 수입이 없는 상태에서 3억 원~10억 원 상당을 준비해놓지 않았다면 융자를 받아야 하거나, 돈이 없어 지출을 못하게 되면 결혼을 제대로 시킬 수 없게 된다. 뿐만 아니라 부모의 간병에 들어가는 비용이 많기 때문에 노후에 거액의 빚을 질 수도 있다. 그리고 주택 관리비와 통신비를 비롯해 기본생활비와 재산세・자동차세 같은 고정경비와 병원비가 심심찮게 나가는 것을 고려한다면 상당한 지출이 예상된다.

문제는 자녀들 교육비나 양육비만의 문제가 아니라 정작 본인의 노후자금이 없기 때문에 노후를 비참하게 보낼 수 있다는 것이다. 따라서 일찍부터 은퇴를 대비해서 은퇴자금을 마련했다면 그 비용으로 생활을 해나가면 되지만 은퇴자금을 준비하지 못하고 은퇴하게 되면 당장 생활이 막막할 수밖에 없다. 은퇴 후의 충격을 줄이고 잠시라도 여유 있는 생활을 하기 위해서는 은퇴자금을 준비해야 한다.

은퇴자금은 이처럼 목돈이 들어가는 것이 없다면 최저생계비만을 고려하여 월 생활비 250만 원에 맞춰 살겠다면 문제가 없을 수도 있다. 그러나 은퇴 후에 자녀교육, 자녀결혼, 부모 봉양까지 책임져야 한다면 월 지출 500만 원도 많지 않을 수 있다. 만약 월 500만 원의 생활비가 필요한 사람은 연금을 타기 전까지 5년의 세월 동안 최소 3억 원이 필요하다. 한 달 생활비를 최소 300만 원으로 한다고 해도 1억 8천만 원의 은퇴자금이 필요하다. 따라서 행복한 은퇴를 위해서는 은퇴자금을 마련하기 위한 재무설계를 해야 한다. 은퇴한 뒤에 어떻게 경제 살림을 꾸려나갈지를 고민하면 이미 때는 늦는다. 긴급 생활자금이 없는 상태에서 은퇴를 하면 연금이 나올 때까지 '있는 재산'을 까먹는 도리밖에 없다. 결국 은퇴 후에 지속적인 생활비가 될 수 있는 국가에서 주는 연금이나 기타 적금 같은 데서 받는 생활비가 생기기 전까지는 은퇴 전에 준비한 자금으로 해결해야 한다.

필요한 은퇴자금을 계산하는 방법은 수입으로 들어오는 각종 소득(임대소득, 배당소득, 이자 소득, 인세 등)과 각종 지출(매달 필요한 생활비, 세금, 관리비, 문화비, 교육비, 부모 봉양비용 등)을 가계부에 기록해서 지출이 많다면 그 지출비용만큼 준비를 해야 한다. 예를 들어서 한 달에 지출은 500만 원이고 수입이 200만 원이라면, 300만 원×12개월×5년 =1억 8천만 원을 준비해야 한다. 만약에 1억 8천만 원이 준비가 되지 않으면 은퇴 후에 지출을 대폭 줄이거나 하고 싶은 것을 참아야 한다. 은퇴자금을 마련하는 방법은 은퇴 후에 목돈이 들어가지 않으면서 연금으로 생활이 가능하다는 전제하에 연금을 수급하는 시기가 5년이 남았다면 5년 동안 사용할 비용을 준비해야 한다. 이를 위해서는 최소한 은퇴를 앞둔 5년 전에는 준비를 해야 한다. 연금으로 생활 가능한 시점이 은퇴 후 10년 뒤라면 은퇴 전 10년을 준비해야 한다. 결국 은퇴자금은 준비한 만큼 행복한 노후가 보장되기 때문에 하루라도 빨리 준비를 하는 것이 좋다.

5. 행복한 노후를 위한 노후자금

노후에 필요한 자금으로는 은퇴자금과 노후자금이 있다. 은퇴자금은 은퇴 후에 연금을 받기 전까지 필요한 자금이고, 노후자금은 연금을 받으면서 죽을 때까지 필요한 자금을 말한다.

은퇴를 앞둔 사람들은 은퇴 후에 은퇴자금이 얼마나 필요하고, 이를 마련하기 위해 매달 얼마씩 저축해야 하는지에 관심이 많을 것이다. 취업포털 커리어의 2013년 '직장인 노후설계' 조사에 따르면 이상적인 노후생활을 위한 자금은 얼마나 필요하냐는 질문에 '3억~5억 미만'이 필요하다는 답변이 39.58%로 가장 높게 나타났으며, 다음으로는 '5억 이상'(37.50%), '1억~3억 미만'(16.67%), '5천만 원~1억 미만'(4.17%), '5천만 원미만'(2.08%) 순으로 답했다.

이상적인 노후생활 자금을 마련하는 것이 가능하냐는 질문에는 66.67%가 불가능하다고 답했다. 응답자들은 자신이 현실적으로 모을 수 있는 노후자금에 대해 35.42%가 '1억~3억 미만' 25.0%가 '5천만 원 미만'이라고 답했으며 이어 '5천만 원 이상~1억 미만'(16.67%), '5억 이상'(12.50%), '3억~5억 미만'(10.41%)순으로 답변했다.

설문조사 결과를 보면 필요하다고 생각하는 노후자금과 현실적으로 가능하다고 생각되는 노후자금의 차이는 꽤 크다. 누구나 넉넉하고 여유로운 노후를 보내고 싶지만 그럴 수 있는 자금 마련이 결코 쉽지 않기 때문이다.

국민연금공단은 2016년 국민연금행복노후설계센터에서 노후 준비 종합진단을 받은 1만 2429명의 자료를 분석한 결과, 노후를 준비하는 국민들이 생각하는 노후자금은 월평균 217만 8000원이라는 조사결과를 발표했다. 응답자들은 각자 예상하는 필요노후생활비를 답했으며 나이대가 높아질수록 비용이 낮아지는 특징을 보였다. 40대는 247만 원, 50대는 225만 원, 60대는 178만 원을 필요노후생활비라고 예상했다.

그러나 실제로 보건복지부에서는 2016년 기준 1인 가구 최저생계비용은 약 162만 원, 2인 가구는 276만 원으로 발표하였다. 최저생계비란 국민이 생활을 유지하기 위한 최소한의 비용을 말한다. 따라서 최저생계를 유지하기 위해서는 매달 1인 가구는 약 162만 원, 2인 가구는 276만 원은 있어야 먹고사는 데 지장이 없다는 것이다.

보건복지부에서 발표한 최저생계비는 국민들이 필요하다고 생각하는 노후자금인 217만 원보다 높은 것으로 나타났다. 최저생계비를 기준으로 경제생활에서 은퇴하는 60세부터 80세까지 20년 동안 필요한 노후자금을 계산해보면 1인 가구에서는 162만 원×20년×12개월=388,800,000원이 필요하며, 2인 가구는 276만 원×20년×12개월=662,400,000원이 필요한 것으로 계산된다. 여기에 물가 상승률을 더하면 1인 가구가 은퇴 후에 20년을 살아가려면 4억이 필요하며, 2인 가구는 7억 정도가 필요하다고 할 수 있다.

문제는 평균수명이 점차 연장되고 있다는 것이다. 평균수명이 80세를 넘어 100세를 향하고 있다. 따라서 노후자금은 80세에 맞추어서 준비할 것이 아니라 100세에 맞추어서 준비해야 한다.

60세에서 100세까지 40년을 살기 위한 노후자금을 계산해보면, 1인 가구는 162만 원×40년×12개월=777,600,000원이 필요하며, 2인 가구는 276만 원×40년×12개월=1,324,800,000원이 필요한 것으로 계산된다. 여기에 물가상승률을 반영하면 1인 가구는 은퇴 후에 40년을 살아가려면 8억이 필요하며, 물가상승률을 반영하면 2인 가구는 14억 정도가 필요하다고 할 수 있다.

그런데 이 금액이 말 그대로 최저생계비이기 때문에 의료비용이나 여행도 다니면서 행복한 생활을 살기 위해서는 턱없이 부족하다는 것이다. 당장 나이가 들수록 의료비용은 더욱 많이 들어가기 때문에 최저생계비만 가지고 생활하기 어려워진다. 예를 들어 몸이 아파서 거동이 힘들 경우 간병인의 도움을 받아야 한다면 간병인 수당을 일당 10만 원으로 계산할 때 월 300만 원의 돈이 든다.

뿐만 아니라 나이가 들수록 심해지는 노화현상에서 몸의 기능을 유지하거나 아프지 않게 하려면 많은 의료비용이 들어갈 수밖에 없다. 예를 들어 치아가 빠지면 임플란트를 해야 하며, 난청이 생기면 보청기를 껴야 하고, 백내장으로 눈이 안 보이면 수술을 해야 한다. 그리고 다른 장기가 아파도 치료에 많은 비용을 지불해야 한다. 따라서 최저생계비로 계산된 은퇴자금에 의료비용까지 감안한다면 훨씬 많은 은퇴자금이 필요하다고 할 수 있다.

통계청의 2016년 '노인자살률'에 의하면 노후에 돈이 없어서 치료를 받지 못하고 아픔을 참지 못해 자살하는 우리나라 노인의 수가 하루에 11명꼴로 1년이면 4,400명에 이른다는 보도가 있었다. 이로 인해 노령기초연금을 제정해서 지원하고 있지만 월 10만 원에서 20만 원은 의료혜택을 원하는 만큼 누리기에는 한계가 있다. 따라서 노후에도 행복한 생활을 유지하기 위해서는 최소한 최저생계비보다 더 많은 노후자금을 준비해야 한다. 최저생계비에 평생 사용해야 할 의료비나 행복한 노후생활을 위해 60세부터 100세까지 필요한 자금을 계산하면 1인당 최소 8억은 가져야 할 것으로 예측해볼 수 있다.

6. 연금만으로는 부족한 노후생활

우리나라는 2015년 기준 65세 이상 노인 빈곤율이 49.6%로 경제협력개발기구(OECD) 중 1위이다. 노인 빈곤율이란 한 국가의 65세 이상 노인이 그 나라 중간 소득에서도 50% 이하의 소득을 가지고 사는 노인의 비율을 말한다. 한국의 65세 이상 노인들 중에서 우리나라 중간 소득에 못 미치는 사람이 10명 중 6명이라는 것이다. 우리나라 노인 대부분은 아주 적은 연금으로 선진국 중 가장 가난하게 살고 있으며, 그나마도 소득 하위 20%에서도 80%가 질병에 시달리고 있다.

65세 이상 노년의 유병률은 96%에 달한다. 유병률은 어느 시점 또는 어느 기간에 해당 장애나 질병, 심리 신체적 상태를 지니고 있는 사람의 수를 전체 인구수로 나누어 계산한 것을 말한다. 따라서 우리나라 65세 이상의 노인들 중 96%가 경중의 차이는 있지만 아프다는 것을 알 수 있다. 이렇게 경제적인 어려움과 신체적 고통이 수반되기 때문에 우리나라의 노인 자살률은 선진국 중 노르웨이 다음으로 높은 것으로 나타나고 있다. 그래서 한국을 진정한 '노인지옥'이라고도 한다. 노르웨이는 국가에서 보장을 잘해주고 있지만 우울증을 겪는 노인들이 자살을 많이 하는 반면 한국은 경제적으로 사는 게 너무 힘들어서 노인들의 자살율이 높다는 것이다. 그래서 한국을 '노인지옥'이라고도 표현하기도 한다.

한편 노인 고용률은 37.9%로 65세 이상 노인들 중 일하는 노인들이 10명 중 4명이라는 것을 알 수 있다. 그러나 이렇게 노후에 일하는 사람들 중에서는 소일거리 삼아 일하는 노인들도 있지만 대부분은 생계 때문에 어쩔 수 없이 일하는 경우가 많다. 그만큼 노후의 삶이 고달프다는 것을 의미한다. 또한 중앙 치매센터에 따르면 2015년 65세 이상 노년층 가운데 9.8%이던 치매율은 2050년엔 15.1%까지 치솟을 것으로 전망되고 있다. 국가의 치매 관리비용은 2015년 12조 2000억 원에서 2030년대 후반이면 국방비를 추월할 것으로 추산되고 있다.

우리나라 사람들이 노후자금으로 가장 기대하는 것은 연금이다. 연금 제도는 여러 사회 보장 체계 중에서 주를 이루는 소득 보장에 속하며, 그중에서도 장기 소득 보장을 부여하는 사회 보험의 일종이다. 연금의 경제적 성격을 논할 때 흔히 연금은 저축의 한 형태 또는 한 방식으로 파악하여

'연금은 저축의 일종', '저축으로써의 연금'이라는 말을 한다. 연금에는 개인적으로 부담하는 개인연금과 국가에서 운영하는 국민연금이 있다.

1) 국민연금

국가에서 운영하는 국민연금은 처음 시작할 때만 해도 직장을 다닐 때의 월급 대비 70%를 급여율로 정해서 주기로 했던 것이, 연금이 고갈되어감에 따라 연금법이 개정되어 50% 이하로 떨어졌고, 이마저도 앞으로는 40%까지 떨어질 예정이다.

현재 국민연금은 내는 돈에 비해 받는 돈이 많은 체계로 되어 있어 기금의 고갈이 예정되어 있다. 공무원을 비롯한 공공분야 종사자는 연금이 상대적으로 안정적인 편이지만 이미 기금이 고갈되어 국민의 세금으로 충당되다 보니 공무원 연금도 연금법의 개정을 통해서 지속적으로 급여율이 떨어지도록 설계되어 나중에는 국민연금과 거의 비슷하게 될 것이다. 국민연금도 현재의 추세로 가면 2060년에 고갈된다는 재정 전망이 나와 있다. 그러나 사람의 수명이 연장되어감에 따라 국민연금 고갈이 정부 예측 시점(2060년)보다 10~20년 정도 앞당겨져 이르면 2040년이 될 수도 있다. 그렇기 때문에 급여율 40% 이하도 안전하지 않다는 것이다. 그리고 급여율 40%를 받기 위해서는 40년을 납입해야 하기 때문에 이 조건을 충족시키지 못하면 그보다 적을 수밖에 없다.

국민연금 제도 초기에 가입한 베이비부머들은 대략 100만 원 대의 노령연금을 타도록 설계가 되어 있었으나 연금법의 개정으로 인해 2017년 현재 20년 이상 연금 가입자는 월평균 89만3,050원을 수령하게 된다.

그러나 최근에 새로 가입하는 경우에는 최고 소득 등급(45등급)으로 30년간 납입하면 88만 원을 수령하게 된다. 따라서 대부분 연금 수급자는 연금이 최저생활비에 못 미치는 범위에 있기 때문에 연금에 의존해서는 노후의 삶은 빈곤해지기 쉽다.

더욱이 우리나라의 연금 급여율은 OECD 국가 중 하위를 차지하고 있으며, 노인 빈곤율(중간소득 50% 미만의 노인 가구 비율)도 OECD 평균 노인 빈곤율 12.4%보다 거의 4배나 높은 48.6%나 된다. OECD 평균보다 4배 높은 우리나라의 노인 빈곤율은 노인 자살률 4배로 그대로 연결되고 있는 셈이다.

더 큰 문제는 60세부터 받게 되어 있던 연금도 연금 고갈을 이유로 연금을 받는 시기는 가입 연령에 따라 다르게 지급받도록 하였다. 또한 가입 연령에 따라 수급하는 시점이 다르다. 1953년 이전에 출생한 사람은 만 60세부터 수령할 수 있지만, 1969년 이후에 태어난 사람은 만 65세부터 수령이 가능하다. 따라서 60세에 은퇴하고도 점점 늘어나는 수급 개시 시점으로 인하여 연금 공백이 생기면 노후의 경제적인 어려움은 심할 수밖에 없다.

〈표 2-1〉 출생시기별 수급개시 시점 연령

출생연도	1953년 이전	1953~56년	1957~60년	1961~64년	1965~68년	1969년 이후
연금개시 연령	만 60세	만 61세	만 62세	만 63세	만 64세	만 65세

2) 개인연금

노후를 대비하기 위해서는 국가에서 운영하는 연금 말고도 개인연금을 준비해야 한다. 개인연금이란 국민연금 등 공적연금이나 기업의 퇴직금 제도 외에, 개인적으로 노후를 대비하기 위해 추가 가입하는 장기저축을 말한다. 개인연금의 종류로는 은행에서 취급하는 개인연금신탁과 보험회사에서 취급하는 개인연금보험, 그리고 증권사에서 취급하는 개인연금 펀드가 있다.

연금에는 유형에 따라 연금보험, 연금저축보험으로 나뉜다. 연금보험은 실질적으로 노후를 대비하기 위해 준비하는 이들에게 알맞으며 10년이 지나면 비과세가 되어 연금 수령할 때 수수료가 없다. 반면, 연금저축보험은 소득공제는 있으나 비과세 혜택은 없는 세제적격 보험 상품으로 400만 원까지 연말정산 소득공제가 가능하여 직장인들이 가입을 많이 하는 편이다. 다만 비과세 상품이 아니라서 소득공제를 받은 상태에서 중도 해지할 경우 공제 받은 금액은 다시 돌려줘야 한다. 아울러 세액공제 혜택으로 연말정산을 하는 직장인들에게 유리하지만 세액공제를 받은 금액과 운용수익에 따라 3.3~5.5%의 연금소득세를 내야 한다.

연금 수령방법에 차이가 있는 연금보험과 연금저축보험은 연금 수령 시 비과세 혜택을 받느냐, 세액공제를 미리 받고 향후 연금소득세를 내느냐 하는 것만 선택하게 된다.

3) 주택연금

노후자금이 부족하다면 마지막 보루로 주택모기지론에 가입할 준비를 해야 한다. 따라서 노후생활을 행복하게 하기 위해서는 자녀들에게 미리 상속하기보다는 자신의 노후자금이나 주택을 가지고 있어야 한다. 통계청에 따르면 2016년 노후에 필요한 최소 생활비는 부부기준 월 183만원이다.

어느 정도 노후를 즐기면서 살기 위한 금액은 부부기준 월 264만원이다. 우리나라 은퇴세대들은 노후 준비가 부족해 퇴직 후 최소비용 이하로 생활하는 '은퇴 빈곤층'이 될 확률이 높다.

국민연금공단이 조사한 자료를 보면 공적연금에 가입한 50대는 33.6%, 60대는 28.7%에 불과하다. 부족한 생활비가 자녀에게 짐이 될 경우 악순환은 반복된다. 이런 경우 유일한 재산인 집을 담보로 주택연금에 가입하는 것이 적절한 해결책이 될 수 있다. 주택연금은 만 60세 이상의 고령자가 소유주택을 담보로 평생 혹은 확정 기간동안 연금을 받는 주택금융공사의 금융 상품이다.

〈표 2-2〉 주택연금

구분	내용
연령	주택 소유자 또는 배우자가 만 60세 이상
주택 보유수	부부기준 1주택 합산 9억원 이하 다주택 (2주택자는 3년 내 처분 조건)
대상 주택	9억원 이하 주택 및 일정요건의 노인복지 주택 (복합용도 주택)
보증 기한	소유자 및 배우자 사망 시 까지

7. 노후자금 재무상태 파악 및 관리 방법

노후자금을 마련하거나 관리하는 방법에는 여러 가지가 있다. 먼저 지금 자신이 가지고 있는 재무상태를 파악한 뒤 금융상품에 분산 투자해서 준비하고, 수익이 생기지 않아서 불입액이 남아 있던 금융상품들은 해약을 해야 한다. 그리고 대출을 받는 방법과 지출이나 교육비를 줄이는 방법이 있다. 자세한 방법을 보면 다음과 같다.

1) 재무상태 파악

은퇴 후 안정적인 생활을 위해서는 적정한 노후자금을 산출하고 그에 알맞은 소비를 계획하여 노후자금을 관리하는 것이 중요하다. 모아둔 자산은 고갈되지 않도록 효율적으로 소비하는 것이 중요하다. 은퇴 후에는 수입이 없거나 적어지므로 지출을 줄여야겠다고 생각하지만, 나이가 들고 건강이 나빠짐에 따라 발생하는 의료비 등의 지출 때문에 생활비가 더 많이 들 수 있다. 따라서 자신의 자산과 부채 상황을 점검하고, 생활비와 의료비 등 예상치 못한 지출 자금을 준비하는 구체적인 경제 계획을 세워야 한다.

2) 자산 점검

(1) 부동산

우리나라 베이비부머 세대의 주 재산은 대부분 쉽게 현금화하기 어려운 부동산에 집중되어 있기 때문에 은퇴 후에는 자녀의 결혼, 의료비 지출 등 일시적 목돈이 필요할 때 곤란해질 수 있다. 따라서 은퇴 후에는 현금으로 전환이 가능한지, 보유한 상가가 공실이 될 경우 관리비, 융자비, 보유세 등의 지출 항목을 점검해두어야 한다.

(2) 보유 현금

보유 현금은 은퇴 후에 연금이 나올 때까지 사용할 수 있는 현금, 집안의 급작스러운 애경사에 지출할 수 있는 현금, 노후에 필요한 생활자금으로 사용할 수 있는 현금이 얼마나 되는지를 점검해야 한다.

(3) 부채 점검

은퇴 후 소득이 없는 상태에 부채 부담은 클 수밖에 없다. 따라서 은퇴 전에 자산과 부채의 규모, 금리, 상환기간 등을 점검하고 부채를 재조정해야 한다. 은퇴와 동시에 모든 부채는 정리해야 경제적 부담이 없지만, 만약 그렇지 못할 경우에는 이자가 높은 부채부터 갚는 것이 좋다.

3) 금융상품 분산 투자

노후자금을 마련하기 위한 가장 쉬운 방법으로는 은퇴 전부터 여러 가지 금융상품에 골고루 분산투자 해놓는 것이 좋다. 금융상품으로는 적금, 예금, 펀드, 보험, 주식, CMA나 MMF 등이 있다.
은퇴준비금은 통상적으로 직장 다닐 때의 월급 1년 치를 금융상품에 분산투자 해놓아야 은퇴 후에 유용하게 사용할 수 있다. 연봉이 1억이면 1억을 예치했을 때 월 300만 원씩 사용한다면 3년은 사용할 수 있다.
은퇴준비금을 신경 쓰지 않고 쉽게 모으려면 은퇴 전에 1억 짜리 적금을 들어 둔다. 적금은 일정 기간을 계약하고 정기적 또는 비정기적으로 금액을 불입하여 계약 기간이 만료된 후 이를 이자와 함께 일괄적으로 돌려받는 것이다. 적금은 이자가 높은 것으로 알아보고 되도록 세금 우대를 받는 것으로 하나쯤 들어 놓는 것이 좋다.
주식은 장기 투자를 할 생각이 없으면 하지 말아야 하며, 원금을 잃을 수 있으므로 주의해야 한다. 주식 투자는 수익을 많이 줄 수도 있지만 손해도 크다. 만약 투자한 주식이 손해를 보아도 견딜 수 있는 마음을 갖지 않은 상태에서 투자를 하게 되면 건강도 잃을 수 있다는 것을 명심해야 한다. 펀드도 마찬가지이다.
은퇴준비금을 마련하면서 출금이 필요할 경우에는 이율이 높은 MMDA, CMA나 MMF를 사용하는 방법이 있다.

4) 금융상품 재조정

은퇴 이후에 계속적으로 수입이 생기지 않는 상태에서는 은퇴하기 전에 들었던 금융상품을 전부 유지하기는 불가능하다. 물론 은퇴 후에도 배당소득이나 임대 소득으로 인해 계속 수입이 생기면 금융상품을 유지해도 좋지만 수입이 생기지 않는 상태에서 금융상품을 유지하는 것은 결국 빚을 지는 것과 같기 때문이다.

따라서 금융상품을 해지할 때는 적금, 예금, 펀드, 보험순으로 해지하는 것이 알맞다. 일반적으로 보험부터 해약하는 경우가 많은데, 보험은 중간에 해약하면 원금도 제대로 받지 못하는 것이 많다. 더욱이 보장성 보험은 반드시 필요하기 때문에 되도록 유지하는 것이 좋다.

은퇴 후 초반부에만 지출이 많고 연령이 높아질수록 지출이 줄어들 거라고 생각하지만 나이가 들수록 의료비용의 증가로 인하여 지출은 더욱 늘어날 수밖에 없다. 갑자기 많은 의료비 지출은 가정의 재무상태를 급격하게 위축시키므로 필수 보장성 보험은 유지하는 것이 좋다.

5) 퇴직 전 부채 정리

은퇴 후에는 대출을 절대 받지 말아야 한다. 수입이 없기 때문에 대출을 갚지 못하게 되고, 결국은 대출금 상환을 위해서 계속 대출을 받게 되며, 언젠가는 있는 재산마저 경매로 날리거나 신용불량으로 경제생활이 어려워지기 때문이다. 이러한 맥락에서 퇴직하기 전에 부채가 있다면 무조건 갚아야 한다. 퇴직 전에 부채가 남아 있으면 결국 은퇴하고 나서 다 갚아야 하는데 그때는 수입이 없기 때문에 갚는다는 것은 불가능에 가깝다. 따라서 퇴직을 앞두고 해야 할 첫 번째는 지금까지 본인이 가지고 있는 부채를 조사해서 퇴직 시점을 기준으로 부채를 0으로 만들겠다는 목표를 세우고 재무계획을 세워야 한다. 퇴직 무렵 빚이 없다면 연금을 비롯한 노후소득은 온전히 자신의 노후생활자금으로 쓸 수 있게 된다.

6) 금융상품 담보 대출

노후자금을 미처 준비하지 못했다면 금융상품을 담보로 대출받는 것도 자금 융통의 한 방법이다. 예금을 담보로 한 마이너스 통장, 보험금을 담보로 한 보험약관대출 등 금융기관들은 그동안 납입한 자금을 담보로 저리 대출을 해준다. 다만 이 경우 대출과 해약 가운데 어느 쪽이 더 이익인지를 꼼꼼히 따져봐야 한다. 보험을 유지하길 원하지만 당장 보험금 납부가 부담스럽다면 납입중지(보험계약을 유지한 채 보험금 납입을 얼마간 유예하는 제도)가 가능한지를 알아본다.

7) 지출 규모 줄이기

은퇴를 하고 당장 지출할 돈이 얼마 남지 않았다면 당연히 지출을 줄일 수밖에 없다. 은퇴 후의 지출을 줄이는 것은 고통스럽지만 가능한 일이다. 그러나 처음부터 지출을 대폭 줄이면 그 동안 누리던 문화적인 혜택들을 포기해야 하기 때문에 심리적으로 위축되기 마련이다. 따라서 생활비는 한꺼번에 줄이지 말고 서서히 줄여나가는 게 좋다.

만약에 빚이 있거나 생활비가 절대적으로 부족하다면 가족 구성원 동의 아래 당장 집의 규모를 줄여 자금을 확보해 빚을 갚거나 생활비로 쓰는 것이 좋다. 생계수단이 아니라면 자동차는 파는 것이 좋다. 자동차 한 대를 줄이면 유류비, 보험료, 각종 세금을 포함해 자동차 1대당 연간 최소 400만 원 정도를 절약할 수 있다. 이외에도 외식비는 물론 경조사비도 줄이고, 저녁 모임 참석도 되도록 피한다. 남들에게 창피한 일이라고 생각할 수도 있지만 보다 더 중요한 일은 빚을 지지 않는 것이다.

8) 교육비 줄이기

자녀를 늦은 나이에 두어서 은퇴 후에도 자녀가 대학을 다닐 경우 등록금을 주는 것도 힘들 수가 있다. 따라서 은퇴자금은 자녀교육비와 결혼비용 등도 고려해야 한다. 교육비와 결혼비용 모두를 부모의 의무라고 생각해서 다 감당하려고 하면 정작 자신의 노후자금은 바닥이 날 수 밖에 없다. 그래서 생긴 말이 '자녀교육에 다 걸면 노후생활이 어렵다.'라는 것이다. 따라서 고등학생 이상의 자녀라면 아르바이트를 권하고, 대학에 다니는 자녀라면 대학등록금을 어떻게 마련할지 미리 계획을 세우는 것이 좋다. 예를 들면 자신이 돈을 벌어서 다니도록 하거나 학자금 대출을 받도록 설득해야 한다.

8. 금융상품 이해

금융상품으로는 적금, 펀드, 보험, 주식, 채권 등이 있다.

1) 적금

정해진 기간 동안 일정액을 매월 적립하고 만기일에 약정금액을 지급받는 것을 내용으로 하는 전형적인 적립식 예금으로 정기적으로 적립한다고 해서 정기적금이라고도 한다. 정기적금은 확정금리를 주기 때문에 높은 안정성이 있지만, 낮은 금리가 단점이다. 은행 측에서 볼 때는 매월 약정된 금액의 예입이 확실시된다는 점에서 정기예금 못지않은 안정된 자금조달원이 된다.

2) 펀드

펀드란 여러 투자자의 자금을 모아 전문가(펀드매니저)가 주식, 채권 등 다양한 금융상품에 투자하는 상품을 말한다. 펀드투자의 장점은 적은 돈으로도 쉽게 투자가 가능하며, 분산 투자로 위험이 적고, 자산운용 전문가에 의한 간접투자가 이루어진다. 단점으로는 성과 부진 시 손실 가능성이 있다.

펀드는 유형별로 공사채형과 주식형으로 분류할 수 있다. 공사채형 펀드는 펀드에 투자할 때 투자자금을 예치해 둘 수 있는 기간에 따라 초단기형 · MMF형 · 단기형 · 중기형 · 장기형 · 2년 이상형 · 분리과세형 등으로 나눈다. 주식형 펀드의 경우에는 약관상의 주식편입비율에 따라 안정형 · 안정성장형 · 성장형 · 자산배분형 · 파생상품형 등으로 구분한다.

3) 연금보험

연금보험이란 피보험자의 종신 또는 일정한 기간 동안 해마다 일정 금액을 지불할 것을 약속하는 생명 보험을 말한다. 개인연금의 가입자격은 만 20세 이상의 국내거주자로, 저축기간은 10년 이상이다. 연금지급은 만 55세 이후부터 5년 이상의 기간에 걸쳐 확정연금 또는 종신연금의 형태로 지급된다. 연금보험의 장점은 이자소득이 비과세인데 단점은 10년 이상 가입을 해야 한다.

4) 주식

원래 주식은 주식회사의 사원인 주주가 출자자로서 회사에 대하여 갖는 지분을 말한다. 여기서 말하는 주식은 주식 거래소를 통해 주식에 투자하는 것을 말한다. 증권시장에서는 채권도 같이 매매되지만, 주식이 주가 되어 매매되고 있기 때문에 주식시장을 증권시장이라고도 한다. 주식은 수익이 높은 장점이 있지만 단점으로는 원금을 잃을 확률이 높다.

5) 채권

채권은 정부, 공공단체와 주식회사 등이 일반인으로부터 비교적 거액의 자금을 일시에 조달하기 위하여 발행하는 차용증서를 말하며, 그에 따른 채권을 표시하는 유가증권이다.

채권은 상환기한이 정해져 있는 기한부 증권이며, 따라서 채권은 이자가 확정되어 있는 확정 이자부 증권이라는 장점을 가지나 단점은 이자가 낮은 것이 많다. 그리고 채권은 대체로 정부 등이 발행하므로 안전성이 높고, 이율에 따른 이자소득과 시세차익에 따른 자본소득을 얻는 수익성이 있으며, 현금화할 수 있는 유동성이 크다. 이러한 특성에 의하여 채권은 만기와 수익률에 따라 주요한 투자자금의 운용수단으로 이용되기도 한다.

〈표 2-3〉 주요 목돈 마련 상품 비교

순위	적금	펀드	연금보험	주식	채권
장점	확정금리, 높은 안정성	투자 성과로 고수익 가능	이자소득 비과세	수익이 높음	확정 이자, 높은 안정성
단점	낮은 금리	성과부진시 손실 가능	10년 이상 의무 가입	원금 손실	낮은 이자
중도해지	중도해지 이율 적용	최근 3개월 내 불입분 이익 일부 차감	원금 손실 가능	가능	가능

은행, 보험, 금융투자 등 서로 다른 금융권역의 유사한 금융상품 정보를 한눈에 비교할 수 있도록 금융감독원은 금융상품 통합비교공시 사이트인 '금융상품 한눈에(finlife.fss.or.kr)'를 운영하고 있다. 이전까지는 각 금융협회가 개별적으로 해당 권역의 상품 정보만을 비교공시하고 있어 소비자가 필요한 금융상품을 다른 금융권역 상품까지 비교해 선택하기 어렵다는 한계가 있었다. 그러나 이제는 총 177개 금융회사의 853개 금융상품(정기예금 160개, 적금 178개, 연금저축 216개, 주택담보대출 133개, 전세자금대출 56개 등)이 비교 공시되고 있다. 펀드, 실손보험, 자동차보험 등 특정 업권에서만 판매하는 상품은 해당 협회가 운영하는 사이트로 연계해 정보를 제공한다.

9. 맞벌이 은퇴자의 충격

아파트 가격이 급등하고 물가가 오르면서 많은 젊은이들이 배우자를 고를 때 최우선적으로 맞벌이를 함께할 수 있는 직업을 가졌는지를 고려한다. 뿐만 아니라 외환위기와 경기침체를 겪으면서 한 푼이라도 더 벌기 위해 많은 주부들이 직업전선에 뛰어들고 있다. 더욱이 삶의 질을 높이기 위해 결혼한 뒤에도 직업을 유지하는 여성이 늘고 있다. 실제로 맞벌이 하는 이유를 조사한 통계를 보면 응답자의 47.7%가 풍족한 생활, 20.5%가 자아성취, 11.6%가 생계유지, 10.3%가 주택마련을 위해서라고 답하고 있다.

그렇다면 과연 맞벌이 부부의 수익은 남들이 부러워할 만큼 큰 것인가를 고민해봐야 한다. 이에 대해서 미국 하버드대 법대 엘리자베스 워런 교수와 그의 딸 아멜리아 워런 티아기가 쓴 '맞벌이의 함정(The Two Income Trap)'이라는 책을 보면 맞벌이 부부는 자녀를 위해 좋은 학군과 주택을 구입하는 데 들이는 비용이 파산의 실마리를 제공한다고 한다.

맞벌이 부부들이 중산층 대열에 뛰어들면서 주택 모기지 대금, 자동차 할부금, 세금, 건강보험료, 보육비를 과도하게 지불하는 바람에 외벌이 가정보다 많이 버는 데도 늘 가계는 적자가 난다는 것이다. 또는 적자가 나지 않더라도 기대한 만큼 저축을 하지 못하고, 고정성 지출을 제외하고 나의 의지대로 쓸 수 있는 잔여소득인 재량적 소득이 더 적으며, 어려운 상황에 대비해 저축할 돈도 부족하기에 맞벌이의 함정에 빠진다고 하였다.

통상적으로 맞벌이를 하면 소득이 2배가 되는 만큼 저축도 많이 하고 여유자금도 많을 것이라 생각하기 쉽다. 그러나 투자전문가들은 우리가 갖는 일반적인 생각과 달리 많이 버는 만큼 쓰기도 많이 쓰게 되어 큰 차이가 없다는 지적을 한다. 실제로 맞벌이 부부는 각각 자기 명의로 된 자동차를 소유하는 비율이 높으며, 아이들에게 들어가는 육아 및 탁아비 지출과 함께 품위유지를 위한 의상비, 외식비, 공연비용 등의 소비성 지출도 느는 편이라고 한다.

맞벌이 부부는 같이 벌 때는 수입이 커 고정적인 가계 지출 부담을 상대적으로 덜 느끼기 때문에 여유가 있다고 여겨 주택 구입과 교육비 지출이 크다. 따라서 수익이 증가하는 만큼 지출이 빠르게 증가하기 때문에 생각처럼 여유자금을 모으기가 쉽지 않다. 결국 고정 지출을 대수롭게 여기지 않다 보니 소득은 많지만 저축할 여력이 없게 되고, 계획 없는 은퇴로 인한 고정 지출 대응은 외벌이 가정보다 어려운 경우가 많다. 통계청의 2006년 조사 결과를 보면 맞벌이 부부는 외벌이 가정보다 쉽게 대출을 통해 주택을 구입하고 매월 상환 원리금이 높더라도 크게 걱정하지 않는 편이며, 자동차를 구입할 때도 할부로 구입하고 전자제품을 구입할 때도 쉽게 카드를 사용하는 것으로 나타났다. 또한 맞벌이 가정의 교육열은 매우 높아 사교육비 비중이 크며, 좋은 학군을 위해 비싼 대출을 받아서라도 아파트 가격이 비싼 곳으로 이사를 하는 경우가 많다. 따라서 맞벌이 가정이 외벌이 가정보다 소득은 높지만 저축액은 적고, 대출금액은 더 많다는 것을 증명하고 있다.

문제는 맞벌이 부부들도 지금의 소득구조가 영원하지 않다는 것이다.

은퇴는 누구에게나 찾아오는 것이므로 은퇴를 고려해서 지출계획을 세워야 한다. 맞벌이 부부의 은퇴는 외벌이 부부의 가정보다 더 큰 위험을 줄 수 있기 때문에 은퇴 대비도 맞벌이일 때 미리 세워야 은퇴 후 여유로운 생활을 할 수 있다. 막상 준비 없이 은퇴하면 미처 정신을 차리기도 전에 가계 부도가 발생할 수 있기 때문이다.

맞벌이 부부의 은퇴 충격을 여유 있게 극복하기 위해서는 일단 부부 중 혼자만 번다고 가정하고 그 수입 규모에 맞게끔 지출계획을 세우는 것이 중요하다. 최소한 은퇴를 앞둔 3년 전부터 부부 중 한명이 벌어들인 수입으로 생활하고 나머지 한명의 수입은 은퇴자금으로 준비하면 은퇴자금을 준비한 기간만큼 은퇴한 뒤에도 지출을 크게 줄이지 않고도 은퇴 후의 생활을 즐길 수 있다.

10. 금융 사기로부터 노후자금 지키기

은퇴 후 금융 사기 피해자가 날로 증가하고 있다. 근로 소득은 없지만 저축 노후자금이나 퇴직금 등으로 유동자산이 더 풍부하기 때문이다. 은퇴 후에는 변화하는 세상에 대한 물정도 어두워지고, 판단력이 흐려지기 때문에 금융 사기에 빠질 확률이 높아진다. 금융 사기에 빠지면 모든 재산을 잃어서 노후생활이 비참해질 수 있기 때문에 금융 사기로부터 자신의 노후자금을 지키기 위해서 노력해야 한다. 금융 사기의 유형에는 다음과 같은 것이 있다.

1) 금융투자 사기

법적으로 인·허가를 받지 않거나 등록, 신고 없이 고수익 보장을 내세우며 자금을 조달하는 행위를 '유사수신행위'라고 한다. 유사수신행위에 투자한 돈은 '예금자보호법'상 보호 대상이 아니므로 민형사상 절차에 따라 회수가 어렵다. 따라서 유사수신행위에 돈을 잘못 투자하게 되면 심각한 손해를 입을 수 있기 때문에 각별한 주의가 필요하다.

2) 대출 사기

대출 사기는 전화나 메시지를 통해 대출을 해준다고 알선하는 것을 말한다. 대출 사기는 대출을 상담하거나 알선할 때는 대출금을 편취하거나, 수수료 등 각종 명목으로 금전을 요구하여 손해를 입히는 사기를 말한다.

3) 피싱 사기

피싱(phishing) 사기란 개인정보(private data) + 낚시(fishing)를 합성한 신조어로 속임수나 거짓말로 타인의 재산을 자기 것으로 만드는 특수 사기 범죄를 말한다. 피싱 사기는 주로 전화나 메신저로 접근하여, 물건 값을 납부하라고 하던지, 집 안에 아픈 사람을 위하여 비용을 대라고 하든지, 법률적으로 문제가 있어서 돈을 납부하라든지 아주 다양한 방법으로 돈을 요구하는 사기를 말한다.

4) 스미싱

메시지(SMS)와 피싱(phishing)의 합성어로 주로 휴대전화를 이용하여 발생하는 금융 사기를 말한다. 휴대전화로 온 문자메시지에 포함된 인터넷 주소를 클릭하면 악성코드에 감염되어 자동적으로 소액 결제를 당하거나 통장에서 돈이 인출되는 등 피해가 발생한다.

✔ 금융 사기 예방을 위한 금융생활 습관

- 공공기관 및 금융회사는 어떠한 경우에도 금전 이체를 요구하지 않기 때문에 금전 이체를 요구하는 어떤 정보에 대응할 필요가 없다.
- 공공기관 및 금융회사는 거래정보, 비밀번호, 주민등록 번호를 수집하지 않기 때문에 개인의 비밀 정보를 물어보는 경우에는 응답할 필요가 없다.
- 휴대전화의 문자메시지에 나와 있는 홈페이지 주소나 이상한 링크를 누르지 않는다.
- 전화나 휴대전화를 이용한 대출광고 전화에 응답하지 않는다.
- 통장 거래 시에는 비밀번호만 사용할 것이 아니라 보안카드보다 안전한 보안매체(OTP)를 적극 이용한다.
- 나의 금융 생활을 고려해 통장 이체한도 및 인출 한도는 적정한 수준으로 조정하여 금융사기를 최소화 한다.
- 인터넷뱅킹을 사용할 때는 작은 금액이라도 본인인증을 강화하는 서비스에 가입하여 금융사기를 예방한다.

5) 금융사기 피해 구제

① 만약 계좌와 공인인증서의 비밀번호, 보안카드 번호 등 금융거래 정보가 노출되었거나 사기범에 속아 돈을 송금 이체한 경우.

→ 금융 회사에 즉시 연락 또는 경찰청(112)에 신고.

→ 금융감독원에 신속하게 계좌지급 정지신청 하는 것이 가장 중요.

② 통장, 체크카드 계좌 비밀번호를 분실한 경우.

→ 금융회사 콜센터에 즉시 연락.

→ 대포통장으로 악용되기 전 신고 필수.

③ 주민등록증, 신분증 등 - 금융 정보가 노출된 경우.

→ 한국정보통신 진흥협회(www.msafer.or.kr) 명의도용 방지 서비스에 가입.

→ 금융회사, 영업점, 금융감독원 방문 및 연락.

→ 개인정보 노출자 사고 예방 시스템 신청.

금융사기 피해 구제절차

1. 송금한 금융기관 고객센터에 지급정지 요청
   (지연인출제도 - 100만원 이상 30분 소요)
2. 경찰서 방문 - 사건 사고사실 확인원 발급
3. 금융기관을 통해 피해 구제 절차 신청

제3장

건강관리

은퇴 후에 뭐니 뭐니 해도 제일 중요한 것은 바로 건강이다. 건강해야만 무엇이든 할 수 있기 때문이고, 건강을 잃게 되면 건강을 회복하기 위해서 의료비용의 지출과 집안의 신경이 온통 집중되기 때문이다.

1. 노화에 대한 자각

노화란 모든 생물에게 자연스럽게 나타나는 현상으로 나이가 들면서 신체의 구조와 기능이 점진적으로 저하되고 질병과 사망에 대한 감수성이 급격히 증가하면서 쇠약해지는 과정을 말한다.

인간은 태어나서 일정한 기간인 청소년기까지만 신체의 성장과 발달이 이루어지고, 그 이후 나이가 들수록 신체의 기능이 쇠퇴한다고 생각하여 노화를 부정적으로 생각하였다. 따라서 늙는다는 것을 인정하기 어려워했다. 그래서 사람들은 스스로 늙었다는 것을 자각하게 되면 자신의 인생에서 더 이상의 희망은 없고, 사회에서 물러나야 한다는 불행으로 인식하였다. 사실 노화 방지에 관심이 증가하는 것도 노화가 부정적이라는 전제에서 출발한 것이다. 노화가 나쁘다는 가치관을 갖고 있는 한 노화는 사람에게 고통을 줄 수밖에 없다.

일반적으로 사람은 50세를 전후하여 신체적으로 노화가 나타나고 있다고 자각하기 시작한다. 그러다 60세가 넘으면 이제는 최상일 때보다 월등히 나빠진 신체로 인하여 자신의 노화를 실감하게 된다. 이러한 늙음에 대한 자각은 신체적인 나이에 충실한 사람들이나 부정적인 생각을 가진 사람들일수록 일찍 느끼고, 건강관리를 열심히 해온 사람이나 긍정적인 생각을 갖는 사람들일수록 늦게 느낀다. 하지만 결국은 정도의 차이가 있을 뿐 노화를 느낄 수밖에 없게 된다.

문제는 노화를 자각하게 되면 자신감이 사라지고, 현실에 안주하려는 성향이 강해지며, 심하면 우울증에 빠지게도 된다. 따라서 사람들은 대부분 노화를 현실로 받아들이려고 하지 않는 심리적 저항을 가지고 있다. 신체적 연령이 비슷함에도 불구하고 늙음을 자각하는 시기가 사람에 따라 다른 이유는 인생의 오랜 시기 동안의 경험, 습관과 운동량, 가정에서의 유전적 이력, 사고의 크기와 종류 및 횟수, 직업과 생활수준, 교육과 학습 경험, 심리적 저항 등에 따라 차이가 있다.

직업상으로 보면 기술 변화 속도가 빠른 공학이나 첨단 과학 분야에 종사하는 과학자나 공학자들은 세상의 변화와 함께 스스로 늙었다는 자각이 빠른 편이다. 그러나 깊은 사유와 경험을 필요로 하는 사회학, 인문학, 철학 분야에 종사하는 사람들은 자각이 늦은 편이다.

경제적으로는 나이가 들어도 여유 있는 경제력을 가지고 있는 사람들은 늙었다는 자각이 늦지만, 경제적으로 어려운 사람들은 늙었다는 자각이 빠른 편이다. 또한 가정적으로도 행복한 사람들은 늙었다는 자각이 늦지만, 가정적으로 불행한 사람들은 늙었다는 자각이 빠른 편이다. 한편 건강한 사람들은 늙었다는 자각이 늦지만, 건강이 나쁜 사람들이나 질병에 걸린 사람들일수록 늙었다는 자각이 빠른 편이다.

심리적으로는 심리적 저항이 강한 사람들은 늙었다는 자각이 늦지만, 심리적 저항이 약한 사람들일수록 늙었다는 자각이 빠른 편이다. 자신은 스스로 젊었다고 표현은 하지만 남들에 의해서 자신이 늙었다는 말을 듣게 되면 자신감을 급격하게 상실하게 되거나 우울증에 빠지게 된다. 따라서 주변에서 늙었다는 자각이 들지 않도록 정신적으로 배려를 해주어야 하며, 언어적으로도 주의를 기울여야 한다.

늙음을 자각하면서 자신감 상실과 함께 우울증이 찾아오는 것을 막기 위해서는 노화를 성공적으로 맞이해야 한다. 성공적 노화는 개인과 환경의 상호작용에 의해 결정된다. 비록 심각한 질병이 있더라도 죽음의 문 앞에서 그것을 어떻게 받아 들이냐에 따라 의연하게 노화에 대처할 수 있다. 그러므로 성공적인 노화는 젊음을 잘 유지하는 것이 아니라 전 생애를 통틀어 그 변화를 수용하는 것이다. 삶의 과정에서 변화에 적응하기 위해 개인적, 사회적 자원을 활용하여 발달시켜 나아가는 것이라고 볼 수 있다.

성공적으로 노화를 받아들이기 위해서는 일상적인 활동에서 즐거움이 유지되어야 하며, 인생의 의미와 책임, 목표성취, 긍정적 자기 이미지와 자기 가치의 인식, 긍정적 태도와 분위기 유지가 매우 중요하다. 또한 노화에 대한 인식을 퇴보라고 생각하기보다는 전 생애 발달의 관점에서 인간이 수태에서 사망에 이르기까지 생애 전 기간에 걸쳐 발달하고 변화한다는 새로운 시각의 전환을 가져야 한다. 노년기의 생애 발달 과업은 마침표를 찍는 데 있는 것이 아니라 완성을 위한 진행 과정이라고 받아들이는 것이다.

2. 노화의 원인

'우리는 왜 늙는 것일까?', '왜 수명에 제한이 있을까?'라는 의문은 아마도 인류의 가장 오래된 질문일 것이다. 오랫동안 건강하게 살기 위해서는 노화의 원인을 알고 노화를 일으키는 원인을 제거하는 것이 가장 효과적이다.

노화의 원인을 설명하는 학설들은 300여 가지가 넘기 때문에 한마디로 노화의 원인을 단정 지을 수는 없다. 아직 어떠한 학설도 정설로 인정되지 못하고 있는 이유는 대부분의 학설들이 노화 현상 전체를 설명하기보다는 부분적인 측면에서만 설명하기 때문이다. 그리고 사람의 체질이나 유전에 따라 노화 속도와 수명이 다른 이유를 속 시원하게 설명하지 못하고 있다. 인류는 아직 노화의 정확한 메커니즘을 밝혀내지 못하고 있으나, 노화를 억제하는 방법이 있다는 것은 다만 추측해볼 뿐이다. 지금까지 밝혀진 노화와 수명 제한의 원인을 설명하고자 제안된 가설들을 보면 다음과 같다.

1) 마모 이론(Wear&tear theory)

1882년에 독일의 의사인 아우구스트 바이스만(August Weismann)이 발표한 이론으로 우리 신체와 세포는 시간이 지남에 따라 마모하듯이 노화가 일어난다는 이론이다. 우리 몸은 시간이 지날수록 계속 쓰거나 손상이 되어 노화가 이루어지기도 하고, 우리가 먹는 음식이나 독소에 의해서 우리 몸이 망가져 간다는 것이다. 우리 몸은 나이가 들어감에 따라 신체와 세포가 손상되어 복구할 능력을 잃으면서 질병에 걸리고 결국에는 죽게 된다는 것이다. 마모 이론에 의하면 오래 사는 방법은 신체를 무리하게 사용하지 말고, 해로운 환경을 피하며 규칙적인 생활을 해야 한다는 것이다.

2) 신경호르몬 감소이론(Neuro-Endocrine theory)

러시아의 블라디미르 딜만(Vladimir Dilman) 박사가 발표한 이론으로 나이가 들면 점차 우리 몸의 호르몬 분비가 감소해 신체 기능이 떨어져 노화가 진행된다는 이론이다. 신경호르몬 이론에 의하면 오래 사는 방법은 호르몬 분비가 원활하도록 신체를 자극하거나 호르몬 보충요법을 실시함으로써 노화를 예방하거나 지연시킬 수 있다는 것이다. 이 이론에 근거해 성장호르몬, 성호르몬(에스트로겐, 테스토스테론), 멜라토닌, DHEA 등을 노화 치료에 이용하고 있다.

3) 유전자 조절 이론(Genetic Control Theory)

바서만(G.D.Wassermann) 박사가 발표한 이론으로 우리 몸의 DNA 내에는 태어나면서 늙어가도록 프로그램이 되어 있다는 이론이다. 사람은 태어나면서 이미 DNA 안에 얼마나 빨리 늙을 것인지, 얼마나 오래 살 것인지 모두 유전적으로 결정되어 있다는 것이다. 이 이론에 근거하면 DNA의 손상을 예방하거나, 노화를 방지하거나 조장하는 유전자를 찾아내 이를 적절히 조작함으로써 인간수명의 연장이나 노화를 늦추는 것이 가능하다고 한다.

4) 활성산소이론(Free Radical Theory)

미국의 생화학자 덴험 하먼(Denham Harman)교수가 발표한 이론으로 인간의 세포 내에는 에너지를 만들어내는 미토콘드리아가 있는데 이곳에서 에너지를 만드는 과정에 산소는 화학 물질들과 결합하고 물과 탄산가스를 배출한다. 미토콘드리아가 사용하는 산소 중 2~5%가 오히려 세포를 파괴해 우리 몸의 노화를 촉진하는 활성산소(free radicals)로 전환된다. 활성산소는 미토콘드리아를 가장 잘 손상시키고, 손상된 미토콘드리아에서는 보다 많은 활성산소가 발생해 세포의 산화적 손상을 가속화시킨다. 따라서 미토콘드리아는 활성산소를 만들어 세포의 노화를 촉진하는 주범이라고 할 수 있다.

공기 중의 산소가 쇠를 녹슬게 하거나 잘라 놓은 사과를 변색케 하는 것처럼 활성산소는 생체 조직 내의 세포를 녹슬게 해 손상시키고 아미노산을 산화시키며 단백질 기능을 저하시켜 인체를 노화시킨다. 당뇨병, 동맥경화, 백내장, 아토피성 피부염 등 각종 질환을 유발하거나 DNA에도 손상을 가해 돌연변이를 일으켜 암을 발생시키기도 한다.

활성산소에 의한 손상은 태어나서 죽을 때까지 지속되는데 젊은 시절에는 원래부터 가지고 있는 SOD라는 강력한 항산화물질 등의 작용으로 손상을 빨리 회복시켜 파괴 효과가 상대적으로 작지만, 나이가 들수록 활성산소에 의한 손상은 누적되어 이에 대항하는 항산화능력이 떨어져 노화가 진행된다. 이 이론에 근거하면 어떻게 미토콘드리아를 건강하게 유지할 수 있는지가 결국 노화의 속도를 줄이는 관건이라고 할 수 있다.

5) 텔로머레이즈 이론(Telomerase Theory)

미국 캘리포니아에 있는 게론 코포레이션(Geron Corporation)의 과학자들이 발표한 이론으로 텔로머레이즈는 염색체의 끝부분에서 뻗어 나오는 일련의 핵산에 해당되는 텔로미어(telomeres)라는 것을 재생하는 효소이다. 텔로미어는 세포 분열을 하여 염색체가 복제될 때도 복제되지 않으며 세포 분열이 거듭될수록 길이가 점점 짧아져 다 닳으면 그 세포는 더 이상 세포 분열을 하지 못하고 죽는다. 따라서 염색체의 텔로미어 길이가 세포의 수명을 예측하는 지표가 되는 것이다. 이 이론에 근거하면 세포에 텔로머레이즈를 주입해서 세포 분열을 하더라도 텔로미어의 길이를 유지하면 세포가 죽지 않아 노화를 늦추는 것이 가능하다고 한다.

그러나 텔로머레이즈를 사용하면 암세포가 무한히 분열을 계속하면서 증식하기 때문에 암 발생 위험도 커진다. 이런 특성 때문에 정상 세포에서는 텔로미어가 짧아지는 것을 막거나 늦추면 세포 노화를 막거나 늦출 수 있고, 반대로 암세포에서는 텔로머레이즈를 억제하면 암세포의 성장을 막을 수 있기 때문에 암 치료와 노화 방지 분야에서 동시에 텔로머레이즈 연구가 진행되고 있다.

3. 노화의 증상

노화는 질병이나 사고에 의한 것이 아니라 시간이 흐름에 따라 생체 구조와 기능이 쇠퇴하는 현상을 말한다. 즉 노화는 수정, 태아, 유아, 아동, 청소년, 성인, 노인, 죽음에 이르기까지 시간의 경과와 더불어 서서히 사람의 모든 장기 기능이 저하되거나 정지되어가는 과정을 말한다.

노화는 누구에게나 예외 없이 찾아오는 현상이며, 생체 내에서 지속적으로 진행하는 변화이고, 생명체 고유의 내재적 변화에 따라 초래되는 현상이다. 노화에 따른 변화는 대부분 기능 저하를 동반하는 형태적 변화 현상이다. 노화에 나타나는 생물학적 특성을 보면 다음과 같다.

노화생물학적 특성

- 소화기능: 나이가 들면서 침의 분비, 위액, 소화효소가 감소하며 이는 칼슘과 철과 같은 무기질의 분해와 흡수를 어렵게 하여 골격계 질환을 가져오거나 빈혈이 증가한다.
- 혈액순환기능: 고혈압, 동맥경화증, 뇌졸중 등이 나타난다.
- 호흡기능: 폐에 들어와서 순환되지 않고 남아 있는 호흡의 양이 점점 증가하여 폐 등 호흡기 질환의 주된 원인이 되기도 한다.
- 기초대사기능: 기초대사율은 감소하고 탄수화물 대사율은 증가한다. 이것은 인체 내부에 당분이 적절히 유통되지 못하고 혈액에 정체되어 남아 당뇨병의 원인이 된다.
- 신장기능: 인체 내의 수분과 전해질의 균형, 산과 염기의 평형, 체내 노

폐물의 배설 등을 담당하는 기능이 저하된다.

- 비장기능: 당을 조절하는 인슐린의 생산 저하를 가져옴으로써 노인성 당뇨병의 발생률을 증가시킨다.
- 간과 담낭기능: 간세포가 줄어들어 간의 질량이 낮아지고, 재생력이 감소하며, 담즙을 구성하고 있는 성분들의 고형화로 담석증에 걸릴 가능성이 높아진다.
- 수면: 불면현상이 나타나는데 불면은 노년기의 우울증이나 신경증, 죽음에 대한 공포 등 심리적 문제로 인해 발생하기도 한다.
- 방광기능: 산성성분과 요소성분의 감소에 의해 야뇨현상이나 방광염을 유발한다.
- 생식기능: 여성은 폐경, 남성의 경우는 생식능력을 상실한다.
- 피부 : 신진대사의 약화로 인해 세포분열이 느려져서 상처의 치유속도가 늦어지며, 피부의 신경세포와 혈관이 감소하여 체온 조절력이 감소한다.
- 골격: 뼈가 약해지고 골다공증이 발생한다.
- 근육: 근육이 약화된다.
- 신장과 체중: 신장과 체중이 줄어든다.
- 치아: 이가 점차 빠진다.
- 시각기능: 40세 이후부터 동공 근육의 탄력성이 약화되고 수정체 내부의 섬유질이 증가하여 근거리를 보기 어렵고 시각이 흐려지는 노안이 발생한다.
- 청각기능: 50세 전후 난청현상이 나타나기 시작한다.
- 미각기능: 40세 이후부터 서서히 미각 세포가 감소하다가 60세 후반부터 감소현상이 증가하고 70세경에 되면 단맛과 짠맛을 점차 느끼지 못한다.
- 통각기능: 질환을 파악하는 능력, 질환의 고통을 감지하는 능력이 떨어진다.
- 촉각기능: 피부의 노화에 따라 촉각 기능이 저하된다.
- 후각기능: 후각과 폐의 기능이 약화될수록 후각 기능이 떨어진다.

노화는 정상적으로 나이를 먹어감에 나타나기도 하지만, 병에 걸리거나 강력한 스트레스에 시달려도 급속하게 시작된다. 실제로 당뇨병이나 관절염은 유전이나 생활양식에 기인하여 이루어지는 질병에 의한 노화이다. 노화 기준은 과거에는 주로 생물학적인 부분을 이야기하여 나이만 많으면 늙었다고 하였다. 그러나 요즘은 나이는 먹었지만 같은 나이에 비해 젊어 보인다고 하는 것이나, 나이는 젊은 데 나이보다 늙어 보인다고 하는 것을 보면 노화를 무조건 생물학적 변화로만은 설명할 수 없다. 실제로 60세인 사람이 45세와 같은 신체 연령을 가질 수도 있고, 그 반대로 45세인 사람이 80세 노인의 신체 연령을 가질 수도 있다. 또한 나이가 들었지만 젊게 꾸미고 다니는 사람이 있는 반면 나이는 젊은데 노인처럼 하고 다니는 경우가 있다. 따라서 노화의 기준은 생물학적인 변화 이외에도 심리학적인 변화 및 사회적 변화 과정까지를 다 포함한다.

심리학적인 변화는 마음으로 노화를 느끼는 현상을 말한다. 즉 생물학적인 노화가 이루어지더라도 심리적인 노화가 이루어지지 않으면 젊게 살 수 있지만, 심리적인 노화가 찾아오면 생물학적인 노화가 늦더라도 더욱 늙어 보이기도 한다. 실제로 심리적으로 노화가 이루어지면 몸과 마음이 더욱 쇠잔하고, 초췌해지면서 더욱 무기력해진다.

사회학적인 노화는 사회에서 직업적, 생산적 활동으로부터 은퇴하면서 새로운 삶을 조정해가는 과정을 말한다. 사람이 은퇴를 하면 생활 습성의 변화가 생기므로 기상과 취침 시간의 변화, 교통수단의 변화, 식사 장소와 습성의 변화, 만나는 사람들의 사회적 계층 변화가 생긴다. 따라서 사회학적 노화는 우울증, 소외와 고독감, 무력감, 정서의 불안 등을 가져올 수 있다.

4. 장수의 비밀

옛사람들의 가장 큰 관심은 불로장생이었다. 불로초(不老草)를 구하려던 진시황 이야기가 아직까지도 사라지지 않는 것을 보면 오래 살고자 하는 소망은 예나 지금이나 다름이 없다. 옛날에는 생활이 힘들고 음식이 충분하지 않아 병들고 일찍 죽는 것이 흔한 일이었으므로 건강하게 오래 산다는 것은 이미 그 자체가 개인의 건강뿐 아니라 그에 따르는 사회적인 지위나 문화적인 수준 등 삶의 질을 나타내주는 말이었다. 요즘에도 '생명을 연장시키는 기술이나 약이 나왔다' 하면 귀가 솔깃해지고 은근히 마음이 쏠리는 것도 불로장수를 바라는 소망이 들어 있기 때문이다. 황우석 박사의 줄기세포 개발에 대한 관심이 높은 이유도 이와 같다고 할 수 있다.

'과연 늙지 않는 것이 가능할까? 또한 수명을 연장하는 것이 가능할까? 가능하다면 얼마나 연장할 수 있을까?' 이러한 질문에 대한 답변은 장수촌의 비밀에서 찾을 수 있다. 세계적으로 유명한 8대 건강 장수촌은 일본 오키나와, 파키스탄 훈자마을, 중국 신장, 에콰도르 빌카밤바, 불가리아 소피아, 그루지아 코카스, 중국 위그루마을, 스페인 루드루마을, 일본 유즈리하라 지방을 꼽을 수 있다. 이들 장수촌이 모두 가진 특징을 보면 다음과 같다.

대표적인 장수촌의 공통적인 특징

- 활성산소(산소라디칼) 반응의 정도를 줄인다.
- 덜 먹는다.
- 항산화 성분이 많은 식품이나 항산화제를 먹는다.
- 지방이 적은 음식을 먹는다.
- 스트레스를 덜 받는다.
- 엔돌핀을 팍팍 생성시키는 웃는 마음, 기쁜 마음을 갖는다.
- 좋은 공기가 있어야 한다.
- 좋은 물을 마셔야 한다.
- 가공되지 않은 순수 자연식품을 먹는다.

서울대 노화고령사회연구소장 박상철 교수가 의료 팀 4명, 식품영양 팀 2명, 가족학 · 인류학 · 생태환경 · 사회복지 · 경제 지리 팀으로 구성하여 장수에 대한 연구를 해본 결과 나온 것이 집짓기 모델이었다. 집짓기 모델에서 장수는 마치 집을 짓는 것과 같아서 유전자 · 성별 · 성격 · 사회문화 · 환경생태가 장수의 토대가 되며, 운동 · 영양 · 관계 · 참여가 장수의 기둥, 사회안전망 · 의료시혜 · 사회적 보호는 장수를 지원하는 지붕으로써 영향을 미친다는 것이다. 결국 장수는 한두 가지 요인으로 이루어지는 것이 아니라 사람을 둘러싼 환경적 요소, 영양적 요소, 제도적 요소 등이 다 어우러져 장수를 만드는 것이다. 또한 박상철 교수는 노화에 대한 건강 대비는 일찍부터 하면 좋지만 늦게라도 대비하면 조금이라도 질적으로 나은 삶을 살 수 있다고 하였다.

장수의 비밀은 이처럼 매우 다양한 요인들이 작용하고 있다. 지금까지 장수의 비밀을 모아 건강하게 장수하는 방법을 보면 다음과 같이 요약할 수 있다.

장수집짓기 모델(Park's Temple Model for Longevity)

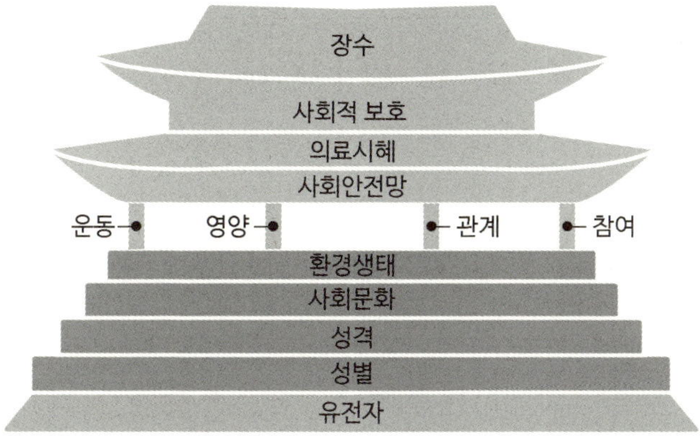

[그림 3-1] 장수 집짓기 모델

(출처 : 〈조선일보〉. 2011.01.08.)

1) 건강한 정신

정신이 건강하려면 스트레스를 느끼지 말고 하루하루 생활에서 만족과 행복을 느낄 수 있어야 한다. 아무리 물질적인 풍요로움이 보장된다고 해도 생활에서 만족과 행복을 느끼지 못하면 사는 것이 즐거울 수 없으며, 이로 인해 문제가 생기게 된다.

2) 적당한 음식 섭취와 영양 유지

과거에는 음식이 부족해서 영양에 문제가 생겼지만, 오늘날에는 음식을 과잉 섭취하여 영양 과다나 영양 편중이 문제가 되고 있다. 이로 인해 비만과 당뇨, 고혈압이 문제가 되고 있다. 따라서 적당히 먹되 영양 상태가 균형이 잡히도록 유지해야 한다.

3) 운동 필수

인류는 태어나면서부터 수렵, 이동, 농경을 통하여 운동하며 살아 왔는데 현대에 와서는 자동화와 편리함으로 인해 운동이 부족한 상황이다. 운동이란 사람의 몸이 기능을 잘할 수 있도록 필요한 부분에 대하여 반복하여 신체 활동을 하는 것을 말한다. 따라서 지속적인 운동은 우리 신체의 기능을 유지하게 하고 오래 사용할 수 있게 해준다. 지속적인 운동은 건강뿐 아니라 만족감, 동기, 자신감, 식이와 영양에도 직접적인 영향을 준다.

5. 노화를 촉진하는 요인들

사람은 같은 나이임에도 불구하고 외형적으로 누구는 젊어 보이기도 하고, 누구는 나이가 더 들어 보이기도 한다. 뿐만 아니라 신체적 나이보다 기능적 나이가 젊기도 하고, 늙기도 한다. 이러한 이유는 일상생활의 차이 때문이라고 할 수 있다. 일상생활에서 노화를 촉진하는 요인들을 자주 경험할수록 신체적 나이나 기능적 나이가 많이 들며, 노화를 촉진하는 요인들을 멀리할수록 신체적 나이나 기능적 나이가 적을 수밖에 없다. 노화를 촉진하는 요인들을 보면 다음과 같다.

1) 흡연

담배를 피우면 담배가 연소하면서 노화의 원인이 되는 활성산소가 만들어지고 이를 들이마시게 된다. 활성산소는 우리 몸에 들어오면 항산화제를 파괴시키고 노화를 촉진한다. 뿐만 아니라 담배를 피우면 담배가 가지고 있는 나쁜 성분들이 들어와 호흡기 질환이나 심혈관계 질환에 걸릴 위험성이 높아지며, 성기능 장애, 뇌혈관의 혈액량 감소, 뇌의 노화, 피부 노화, 수면 장애, 면역기능의 저하로 인해 결국 수명을 단축시킨다.

2) 음주

음주는 적당히 하면 노화를 지연시키고 수명을 연장시키지만, 과음은 활성산소가 만들어지는 동시에 항산화 비타민과 미네랄의 흡수와 이용을 방해하기 때문에 노화를 촉진한다. 뿐만 아니라 알코올 성분이 혈관을 파괴하여 체내의 수분을 빼앗아 피부를 건조하게 만들며, 남성의 성기능 장애, 여성호르몬 대사에 영향을 주고 뇌세포 파괴, 체내 칼슘 저하, 뼈의 노화, 영양 결핍이나 남성호르몬 감소로 근육을 노화시킨다.

3) 스트레스

옛말에 "기가 막혀 죽겠네"라는 말이 있다. 이 말은 바로 스트레스를 받아서 죽겠다는 말과 같은 의미이다. 스트레스는 걱정, 근심이나 일에 대한 불만족 또는 지나친 과로 등으로 생겨나는 것으로 알고 있지만 실제로는 기분 좋은 흥분이나 행복감까지를 포함하는 인간 생활환경 변화에서 일어나는 모든 행동적, 신체적 변화를 일컫는다. 실제로 스트레스를 받게 되면 면역계, 내분비계, 심혈관계에 나쁜 영향을 미쳐 질병을 일으키고 노화를 촉진시킨다. 뿐만 아니라 만성 스트레스는 암, 심장병, 뇌졸중, 위염, 위궤양의 위험인자인 동시에 심근경색으로 인한 돌연사의 원인이 되기도 한다. 결국 스트레스를 받으면 기가 막히고 죽음에 이르게 된다는 말이다. 또한 스트레스는 다양한 방식으로 노화를 촉진하는데 스트레스를 잘 관리하는 사람과 그렇지 못한 사람의 생물학적 연령은 무려 16년이나 차이가 난다고 한다.

4) 복부 비만

복부 비만에는 내장 비만형과 피하지방형 비만이 있다. 내장 비만형은 내장 내에 지방이 축적되는 비만을 말하며, 피하지방형 비만은 피부 바로 밑에 지방이 축적되는 비만을 말한다. 내장 비만과 피하지방형 비만은 따로 나타나기도 하고 같이 나타나기도 한다. 내장 비만형과 피하지방형 비만을 측정하기 위해서는 컴퓨터 단층 촬영을 하면 쉽게 구별할 수 있다. 복부 비만은 당뇨병, 순환계, 심장질환과 같은 성인병 유발 가능성이 클 뿐만 아니라, 당뇨병, 고지혈증, 고혈압, 지방간, 통풍, 퇴행성관절염, 체력 저하, 자신감 상실과 우울증도 걸리기 쉽다. 이런 성인병들은 결국 노화를 촉진하고 수명을 단축시킨다. 습관적인 걷기, 수영, 자전거 타기, 계단 오르기 등 쉽게 할 수 있는 유산소 운동은 신진대사를 원활하게 하여 표준 체중을 유지하게 해주며, 면역 기능을 높여주는 역할을 한다.

5) 과식

현대에는 식원병(食原病)이라 하여 모든 병의 원인이 먹는 음식에 있다고 본다. 다시 말하면 한평생 식생활이 제대로 이루어지지 못한 탓에 먹고 있는 식품 중 어떤 성분이 원인이 되어 생긴 병이라는 뜻이다. 이제 세계적인 현대 과학의 석학들도 대부분의 질병의 원인이 음식으로 인한 영향이 크다는 데 입을 모은다.

실제로 우리나라에서 가장 많이 팔리는 약은 소화제이며, 병원을 찾는 환자의 60%가 위장병 환자라는 사실은 이젠 놀랄 일도 아니다. 이처럼 우리나라 사람들이 다른 나라에 비하여 위장병 환자가 많은 이유는 무엇일까? 그것은 바로 우리나라 사람들의 과식하는 식습관에서 기인한다. 먹거리가 풍요해짐에 따라 그동안 먹지 못한 한풀이라도 하듯이 우리는 너무 먹어대고 있다. 그러다 보니 우리 몸이 한계를 벗어나 비만이 되기도 하고, 위장병에 걸리기도 하는 것이다.

우리 속담에 "과식은 소식만 못하다."라고 한 것도 많이 먹는 것보다는 적게 먹는 것이 좋다는 것을 강조하고 있다. "허약한 사람을 기운 나게 한다고 기름진 음식을 무리하게 먹이면 도리어 더 약해진다."라고 해서 건강하게 살기 위해서는 기름진 음식을 먹지 말라고도 강조하고 있다.

영국에서는 "먹지 못해 굶어 죽는 사람보다 너무 먹어서 죽는 사람이 더 많다."라고 하여 많이 먹는 것이 모든 병의 근본적 원인이라고 보았다.

한평생 하루 세 끼씩 거르지 않고 먹어야 하는 것이 음식이기 때문에 음식이 바르지 못하면 모든 병이 생긴다는 말이다.

6. 노화를 예방하는 방법

노화를 촉진하는 요인이 있는 반면에 노화를 예방하는 방법도 있다. 노화를 예방하는 방법은 주로 노화의 원인을 구성하는 이론들을 근거로 하여 해결 방법을 찾은 것이다. 노화를 예방하는 방법을 보면 다음과 같다.

1) 운동 요법

노화 방지를 위해서 가장 좋은 것은 운동이라도 해도 과언이 아니다. 사람이 운동을 하게 되면 몸을 이롭게 하는 성장호르몬과 남성호르몬 분비가 증가하고, 면역 기능, 근력과 근지구력이 좋아지고 성인병의 위험을 줄여주며 뇌의 노화를 막아 준다. 또한 성인병의 근원인 비만을 줄일 수 있도록 체중 조절에 도움이 되며, 스트레스와 같이 우울한 기분이 사라지고 자신감이 생긴다. 뿐만 아니라 성기능 향상, 골다공증 예방, 숙면을 취하게 해주고 활성 산소를 제거하는 능력이 좋아져 노화를 방지한다.

운동 요법을 위해서는 과격한 운동보다는 유산소 운동과 근육 운동(웨이트 트레이닝), 균형 훈련, 스트레칭 등을 적절히 배분하여 하는 것이 좋다. 운동량은 지속적으로 하루 20분 이상, 일주일에 5회 이상 하는 것이 좋다.

2) 식이 요법

히포크라테스는 “음식으로 고치지 못하는 병은 약으로도 고칠 수 없다”라고 했다. 우리말에도 “밥 잘 먹는 것이 최고의 보약이다.”라는 말이 있듯 먹는 것은 노화방지를 위해서 매우 중요하다. 오늘날 식생활은 서구화된 식단에 편식, 야식, 폭식, 체질과 관계없이 흉내 내어 찾아 먹는 미식 등으로 위장과 간, 췌장에 무리를 주고, 그로 인하여 기능이 떨어지게 되는 악순환이 반복된다. 몸에 좋지 않은 음식을 한두 번 먹는 것은 괜찮지만 지속적으로 먹으면 분명히 문제가 생기고 만다. 마치 가랑비에 옷 젖듯이 여지없이 건강을 잃는 것이다. 결국에는 때늦은 후회를 하며 다짐도 해보지만 이미 한번 잃은 건강은 다시 찾기 어렵다. 통계청에서 2015년 65세 이상 고령자의 사망 원인을 분석한 결과, 대장암과 당뇨병으로 인한 사망이 20년 전보다 약 7배 가까이 급증한 것으로 나타났다. 원래 대장암은 육식을 즐기는 선진국에서 많이 발생하였지만 점차 한국에서도 늘고 있다. 이러한 원인은 우리의 식단이 점차 서구화되어 육식이나 설탕을 많이 먹게 되면서 대장암과 당뇨병이 증가하고 있다는 것을 의미한다.

이처럼 건강하게 살기 위해서는 식습관이 중요한 것을 알 수 있다. 어릴 때부터 갖는 식습관은 평생을 지배하며, 결국에는 사람을 죽이고 살릴 수도 있음을 명심해야 할 것이다. 따라서 진수성찬으로 많이 먹는 것이 중요한 것이 아니라 밥 한 공기, 김치 한 가지만이라도 정성스럽게 감사한 마음으로 먹는 마음 자세가 중요하다. 즉 아무리 빈약한 음식이라도 즐거운 마음으로 먹는 습관을 기른다면 우리의 건강은 좋아지겠지만,

아무리 맛있는 음식도 맛없이 먹는 습관을 들이면 나쁜 영향을 미치고 결국에는 우리의 건강을 좀먹게 된다는 것을 명심해야 한다.

3) 호르몬 요법

노화방지를 위해서 여러 가지 호르몬을 사용하여 시행하는 치료법을 말한다. 사람은 나이가 먹으면 자연적으로 호르몬 생성과 분비가 부족해져 늙게 된다. 따라서 부족한 성장호르몬, 남성호르몬, 여성호르몬, DHEA, 멜라토닌 등을 주기적으로 투여함으로써 부족한 호르몬을 공급하면 노화를 방지할 수 있다. 특히 폐경기에 찾아오는 여성 갱년기에는 안면 홍조증을 비롯해서 식은땀, 불면, 심계항진, 우울증, 식욕감퇴, 손과 발이 바늘에 찔리는 느낌 등 여러 증상에 시달린다. 또한 에스트로겐이 감소하는데 에스트로겐은 뼈의 강도를 유지해주는 역할을 하는 까닭에 골다공증의 위험성이 증가한다. 따라서 에스트로겐을 투여하는 요법을 시행하기도 한다.

4) 항산화제 요법

항산화제는 몸의 질병을 유발하고 노화를 촉진시키는 활성산소를 막아준다. 항산화제는 인체에 자연적으로 존재하기도 하지만 외부에서 보조를 받을 수 있다. 항산화제로는 비타민 C, 비타민 E, 베타카로틴, 라이코펜, coenzyme Q-10, 셀레늄, 크롬, 마그네슘, 오메가-3 지방산, 스마트브레인, 글루코사민 등이 있다. 외부에서 보조받을 수 있는 항산화제에는 당근에 많이 들어 있는 베타카로틴, 적포도주에 많이 들어 있는 폴리페놀, 딸기와 레몬에 들어 있는 비타민 C, 양파에 들어 있는 퀠세틴, 각종 해산물 및 곡류에 들어 있는 셀레늄 등이 있다.

7. 젊음을 유지해주는 안티에이징

노화는 한번 진행되면 멈추거나 다시 돌이킬 수 없다는 것이 지금까지의 연구 결과이다. 그러나 사람의 욕심으로 젊음을 유지하기 위하여 노화를 예방하고 멈추려는 방법들이 개발되고 있다. 이에 따라 각종 노화를 막기 위한 안티에이징(Anti Ageing)산업이 활성화되고 있다. 안티에이징(anti-aging)의 뜻은 '반대'라는 뜻의 'anti'와 '노화'라는 'aging'의 합성어로 '노화 방지' 또는 '항 노화'의 뜻을 갖고 있다. 넓게는 노화방지용 화장품류를 말하기도 한다. 인간은 옛날부터 무병장수를 꿈꾸어 왔기 때문에 가능한 생물학적인 노화를 연기시키고, 나이가 들어서도 젊게 보이려는 욕구가 있다. 이러한 욕구를 해결하기 위해서 안티에이징(anti-aging)은 인간의 생명을 연장하고 노화를 방지하는 것을 목표로 한다.

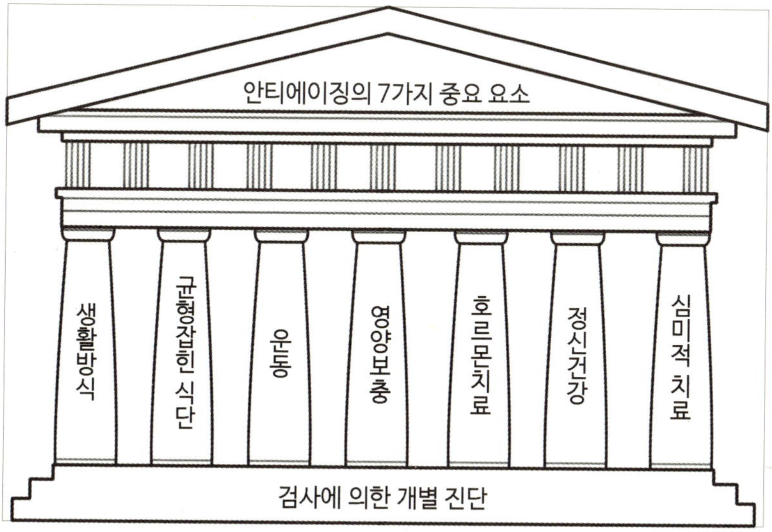

[그림 3-2] 안티에이징의 7가지 중요 요소

출처 : 대한 안티에이이징 학회
(http://antiagingmedicine.kr/antiaging/concept.htm)

안티에이징은 1990년 미국에서 장수의학(Longevity Medicine)과 함께 시작된 새로운 의학 분야이다. 안티에이징 치료법은 노화의 원인들을 해결할 수 있는 치료방법이다. 노화 원인에 관한 학설로는 마모 이론(Wear&tear theory), 신경호르몬 이론(Neuro-Endocrine theory), 활성산소이론(Free Radical Theory), 텔로머레이즈 이론(Telomerase Theory) 유전자 장애설 등 많은 학설이 존재한다. 이러한 노화 원인을 해결하기 위하여 노화를 방지하기 위한 생활방식, 호르몬 분비 감소에 의한 호르몬 보충요법, 활성산소가 부족하여 노폐물이 축적되는 것을 막기 위하여 항산화 물질 보충요법, 면역기능이 떨어지는 것에 대해 면역강

화요법 등이 주목을 받고 있다.

안티에이징이 처음 나올 때만 해도 치매나 기억력 훈련 같은 노화질환의 치료를 위해서 시작하였으나 현재는 호르몬 치료, 식습관, 운동, 생활방식, 피부 미용, 성형, 정신건강의 분야에까지 다양하게 적용되고 있다. 따라서 안티에이징은 의학적으로는 내과, 정형외과, 안과, 피부과 등 의학 분야 외에도 영양학, 대체식량 산업, 화장품 산업 등을 포함하고 있다.

안티에이징 치료를 위해서는 먼저 안티에이징 검사를 통해서 사람이 가지고 있는 체질에 맞는 치료방법이 적용되어야 한다.

안티에이징 치료방법은 다양하다. 따라서 안티에이징 치료를 위해서는 먼저 안티에이징 검사를 해야 한다. 사람마다 노화의 진행정도와 노화의 원인 중 가장 영향을 받는 원인이 다르기 때문에 정확한 이유를 알기 위해서는 안티에이징 검사를 먼저 해야 한다. 정확한 근거가 있어야 다양한 사람의 체질에 맞는 치료를 할 수 있는 것이다.

안티에이징 검사 항목은 몸과 장기의 상태, 노화의 진행정도, 질병의 진행정도, 건강상태 등을 종합적으로 판단하기 위하여 다음과 같은 검사를 진행한다.

안티에이징 검사항목

- 전반적인 신체의 건강상태 검사
- 피부 탄력성 검사
- 흉부엑스선 검사
- 심전도 검사
- 비만도 검사
- 신체 나이 측정 검사
- 시각 능력 검사 및 안저, 안압검사
- 청각 능력 검사
- 미각 능력 검사
- 후각 능력 검사
- 혈액 건강도 검사 및 동맥경화 검사
- 위내시경 혹은 위장 촬영 검사
- 대장 내시경 혹은 대장 촬영 검사
- 각종 소화기 질환 및 암을 위한 복부 초음파 검사
- 각종 암 표지자 검사(CEA, PSA, CA125, AFP)
- 골다공증의 선별 검사
- 호르몬 측정(IGF1, L-dopa stimulation test , FSH, E2, Testosterone, SHBG, DHEAS, T3, FT4, TSH) 검사
- 산화스트레스 측정
- 부인과 질환 및 골반 초음파 검사
- 전립선 질환 및 전립선 초음파 검사
- 자궁경부암 검사
- 유방촬영 및 초음파 검사

8. 수명을 연장하는 장기 교환

지금까지 의료계에서는 병을 고치고 노화를 줄여주는 부분이 주 관심사였다면 앞으로는 장기를 교환해주는 것이 의료계의 관심사가 될 것이다. 우리 신체는 언제까지나 무한대로 치료할 수 있는 것이 아니라 수명을 가지고 있고 질병에 걸리기도 하므로 자동차의 소모품처럼 장기도 바꾸어 주어야 한다. 장기를 바꾸는 방법은 인공장기와 장기이식 등이 있다.

1) 인공장기

인공장기는 장기의 기능을 대용시킬 목적으로 만들어진 장치를 말한다. 인공장기는 장기의 기능을 대신할 인공기기를 생체 내에 설치하여 성공적으로 그 기능을 유지하게 하는 데에 목적이 있다. 그러나 인공장기가 아무리 자연적인 장기와 똑같이 완전한 기능이 있어도 생체 내에 장치하여 장기간 사용할 수 있는 인공장기를 만든다는 것은 기술적인 면에서 결코 쉬운 일이 아니다. 지금처럼 획기적인 과학기술이 발달한다면, 머지않아 환자에게 적합한 인공장기의 생산도 가능하리라 예상된다. 인공장기의 종류와 만드는 방법은 오늘날 과학기술의 발달에 의해 더욱 다양해지고 있다.

① 인공심장 : 인공심장은 최근 고분자로 만들어진 판막이 등장했는데

기존의 기계식판막과 조직판막에 비해 저렴하고 원하는 모양을 자유자재로 만들 수 있으며 안정성도 높아지고 있다.

② 인공심폐 : 일시적으로 심장과 폐의 기능을 대행시켜 심장을 휴지상태에 둘 수 있는 장치로, 심장 수술을 하기 위해 사용한다.

③ 인공혈관 : 동맥 · 정맥의 인조 대용품으로 심장이 제대로 기능을 하지 못해 새 혈관으로 우회로를 만들 때나 혈관이 심하게 막힌 경우에 필수적이다.

④ 인공신장 : 몸 밖에서 혈액을 투석하는 것으로, 신장의 기능을 대신한다.

⑤ 인공관절 : 외상 · 병 · 수술 등으로 인하여 운동부전(運動不全)이 된 관절에 사용한다.

⑥ 인공망막 : 안구 속에 나노 단위의 미세한 실리콘칩을 넣은 인공망막 시스템을 이용해 시력을 잃은 사람들이 눈을 뜰 수 있는 기술이 등장하고 있다.

⑦ 인공달팽이관 : 청각 장애인에게 청각을 복원해줄 수 있게 인공 달팽이관을 성공적으로 시술하였다.

⑧ 임플란트 : 인공 치아로 잇몸에 나사를 박아서 고정한다.

⑨ 인공망막 : 뇌로 영상 입력을 전달하는 신경 세포를 전기적으로 자극함으로써 잃어버린 망막 세포의 기능을 대신한다.

2) 장기이식

인체의 어떤 장기가 질병이나 외상, 또는 노화로 인해 손상되어 고유의 기능을 상실하였을 때, 다른 사람의 정상 장기를 이식하여 정상적인 사회생활로 복귀할 수 있다. 그러나 장기이식은 장기를 구하는 일, 이식에 뒤따르는 거부반응 같은 기술적인 문제뿐 아니라 사체 장기를 구하는 데 따르는 뇌사판정 및 경제적 · 사회 윤리적 문제 등 해결해야 할 난제들이 수반된다. 이상적인 인공장기가 개발된다면 굳이 장기이식은 필요 없게 될 것이다.

3) 자가이식

자신의 조직 · 장기 위치를 옮기는 경우를 말한다. 자가이식은 옛날부터 행하여졌으며 주로 뼈나 피부를 사용한다. 그러나 자가이식은 재료의 양에 제한을 받게 되고, 특히 장기의 경우에는 의미가 없는 경우가 많다.

4) 동종이식

타인의 것을 옮기는 경우를 말한다. 그러나 생물학적인 거부반응을 감안해야 하며 인도적 · 사회적 문제도 뒤따른다. 일란성 쌍생아의 경우 개체가 달라도 몸의 구성 단백질이 동일하기 때문에 거부반응은 일어나지 않는다.

5) 이종이식

종류를 달리하는 동물로부터 옮기는 경우를 말한다. 오래전에 양의 혈액 수혈이 시도된 시대도 있었지만, 근년에는 각막 · 뼈 · 혈관 등의 이식이 연구되었다. 그러나 두드러진 진전은 기대되지 않고 있다.

9. 줄기세포의 진실

황우석 박사는 세계 최초로 사람의 난자를 이용한 줄기세포를 배양하여 세계적인 관심을 끌었다. 황우석 박사의 연구 발표 때문에 부각되었지만 이미 유전공학이 미래의 첨단과학 산업으로 부상하는 가운데 줄기세포 연구는 관심이 집중되었다.

그렇다면 줄기세포는 무엇일까? 줄기세포에 대해서 알려면 우선 세포의 종류에 대해서 알아봐야 한다. 한 사람이 태어나기 위해서는 우선 정자와 난자의 수정이 이루어지고, 이러한 수정란이 계속적인 세포 분열을 통하여 각 세포의 구조와 기능이 점점 변해간다. 마침내 생명체가 완성되면 각 세포들의 운명이 결정된다. 즉 피부세포, 간세포, 뇌세포, 심장세포 등으로 각 세포마다 고유한 생김새와 기능이 정해진다. 일반적으로 각 세포들은 한번 운명이 결정되면 다시는 바꿀 수가 없다. 그러나 어떤 세포는 다른 세포로 변할 수 있는 가능성이 있다. 이러한 다른 세포로 운명이 변할 수 있거나 재생 가능한 세포를 줄기세포라고 한다. 피부에 상처가 나면 세포가 다시 분열해 상처가 아물고 상처 난 부위가 새로운 세포로 채워지는 것을 볼 수 있다. 이것은 상처 난 부위에 피부 줄기세포가 남아 있어 피부를 재생시켰기 때문이다. 간을 이식해주어도 다시 재생되는 이유는 간 줄기세포가 존재하기 때문이다. 이처럼 특정 기관만 만드는 줄기세포를 성체줄기세포라고 한다. 성체줄기세포는 모든 조직으로 분화할 수는 없으나 정해진 장기나 조직으로는 분화

할 수 있다. 따라서 줄기세포의 이러한 분화능력을 이용하여 손상된 조직을 재생하는 등의 치료에 응용하기 위한 연구가 성체줄기세포의 경우 1940년대 중반부터 진행되었다.

반면 모든 세포를 다 만들 수 있는 만능 줄기세포인 배아줄기세포가 있다. 배아줄기세포를 미분화세포라고도 하는데 미분화 상태에서 적절한 조건을 맞춰주면 다양한 조직세포로 분화할 수 있으므로 손상된 조직을 재생하는 등 치료에 응용하기 위한 연구가 진행되고 있다.

일명 만능 세포로도 불리는 미분화세포는 현재까지 인류가 당면한 대부분의 질병 치료는 물론 장기의 훼손을 근원적으로 해결할 수 있는 유일한 해결책으로 떠올랐다. 과학자들이 제시하고 있는 줄기세포의 용도는 210가지의 장기 재생은 물론 지금까지 사람의 힘으로는 치료가 거의 불가능한 고질병이었던 파킨슨병, 각종 암, 당뇨병과 척수손상 등의 치료에 이르기까지 다양하다. 즉 줄기세포를 이용하면 인류는 지금까지 해결할 수 없었던 모든 질병을 치료할 수 있으며, 노화된 장기를 재생할 수 있으므로 무병장수는 물론 수명 연장까지 가능하다는 것이다.

줄기세포는 지금까지 인공장기나 장기이식과 달리 자신의 세포를 이용하므로 거부반응도 없으며, 효과도 탁월하기 때문에 줄기세포에 관한 연구는 상상만 해도 행복한 세상이 올 것만 같은 연구 분야이기도 하다. 인간의 생명 연장과 건강하고 행복한 삶에 대한 열망이 끊이지 않는 한 줄기세포에 관한 연구는 앞으로 더욱 발전하게 될 것이다. 지금도 미국, 유럽, 일본 등 선진 각국 연구진은 줄기세포를 이용한 연구에 전력을 쏟고 있으며 줄기세포를 이용하여 양이나 개를 복제해내기도 하였다. 이러한 기술을 바탕으로 점차 인간의 장기나 세포를 배양하여 상품화를 앞두고 있기도 하다.

이제 머지않아 인간들은 줄기세포 연구를 통하여 지금까지 풀지 못했던 노화의 원인은 물론 노화를 방지하고 수명을 늘리는 일이 쉬워질 것이다. 그러나 궁극적인 줄기세포 치료법을 개발하기 위해서는 종교적, 생명윤리적 문제를 최소화하면서 면역 거부반응 없이 효율적으로 개인에게 알맞은 맞춤형 줄기세포를 확립하는 것이 숙원으로 남아 있다.

10. 정년이 없는 성(性)

2002년 개봉된 〈죽어도 좋아!〉라는 영화는 우리 사회에 큰 파장을 불러일으켰다. 이 영화는 실화를 바탕으로 극화한 것이다. 각자의 배우자와 사별하고 일흔을 넘긴 두 사람은 고독과 친구하며 하루하루를 연명하다 운명처럼 만났다. 한시가 안타까운 두 사람은 마음 가는 대로 사랑을 했더니 섹스도 가능했다. 이 영화는 두 노인의 격정적 사랑을 그리며 '노인의 성'도 마땅히 존중받아야 할 인권이자 행복 추구권이라는 것을 우리에게 알려준다.

그전까지 우리나라 노인들은 문화적 속박과 관념의 영향을 받아 성행위를 낯부끄러운 일로 여기는 풍조가 있었다. 자녀들도 자라서 어른이 된 후에는 늙은 부부의 성관계가 중단되어야 마땅하다고 여기는 풍조가 많았다. 결국 노인의 성에 대해서는 노인 자신들도 그렇지만 자녀들도 노인의 성은 추한 것이라는 생각에 배척당해야 했다.

결국 이러한 사회적 분위기는 노인 남자의 성 능력과 성행위 등에 대해서 수많은 오해와 편견을 가지게 하기에 충분했다. 예컨대 "노인이 되면 성기능이 소실된다.", "소실되지 않고 남아있다 하더라도 매우 미약해진다."라고 생각하거나, 노인이 자기의 성적 욕구를 드러내놓고 시인하거나 표시하는 것은 "노인답지 못한 일"이라고 보았다. 또한 노인이 되면 성생활이 원기를 크게 해치기 때문에 장수에 불리하다고 생각하는 잘못된 관념이 만들어졌다. 이러한 편견은 노인 남자의 성행위에 깊은 영향을 미쳐 성 욕구가 생겨도 애써 무시하거나 잘못된 것이라고 생각하면서 성적 욕구를 버리게 했다.

그러나 실제로는 그렇지 않았다. 보건복지가족부의 2008년의 '노인실태보고서'에 따르면 60세 이상 노인을 대상으로 성생활의 중요성에 대해 알아본 결과 성생활이 '중요하다'라는 응답이 60%로, '중요하지 않다'라는 응답 20%보다 월등히 많았다. 또 65세 이상 노인의 성생활 빈도를 조사한 결과 조사 대상 노인의 50.2%가 성생활을 영위하고 있다고 답해 성생활에는 정년이 없는 것이 나타났다. 이들 중 '월 1~2회' 성생활을 한다고 답한 노인이 26.4%나 됐으며 '3개월에 1~2회' 11.3%, '6개월에 1~2회' 7% 순이었다. '주 1회 이상' 성생활을 한

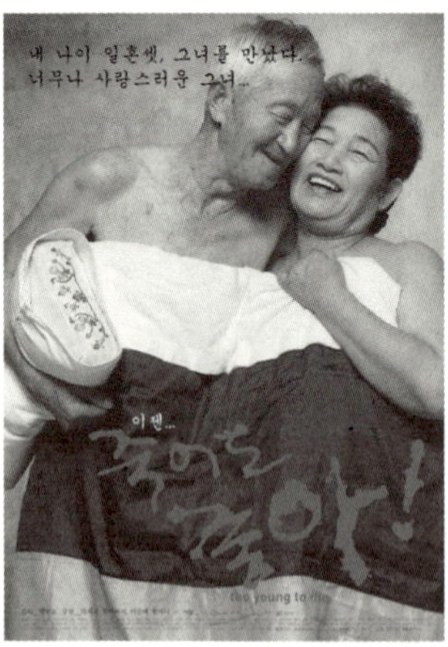

[그림 3-3]
영화 〈죽어도 좋아!〉

다는 노인도 5.6%를 차지했다. 반면 '성생활을 하지 않는다.'라고 49.8%가 답하였으며, 이 중에서 여성(66.9%)이 남성(35.8%)보다 성생활을 하지 않는 것으로 나타났다. 성생활 만족도는 남성(51.3%)이 여성(34.8%)보다 높았다. 성생활을 하지 못하는 이유에 대해서는 '신체기능 약화'가 61.2%, '상대가 원하지 않아서'가 22.5%, '상대가 없음'이 9.8% 등으로 나타나 성생활에 불만족을 느끼는 노인들도 많았다.

결국 80대에도 건강상태에 따라 실제로 성관계를 갖는 것을 보면 성관계는 나이를 먹었다고 해서 못하는 것이 아니다. 따라서 몸의 건강상태만 관리를 잘한다면 80세가 넘어서 죽을 때까지도 성관계를 가질 수 있다. 성생활은 나이와 상관없이 사람이라면 누구나 누릴 권리가 있다. 노인들의 성에 대한 잘못된 편견이 노인 성문제나 성범죄를 유발하는 만큼, 노인들은 성기능이 쇠퇴해서 성생활을 할 수 없다는 고정관념에서 벗어나 노인들도 사람이기에 젊은 사람 못지않게 누구나 누릴 수 있다는 생각을 가져야 한다. 다만 성기능의 약화와 함께 성생활을 누릴 대상이 점점 없어진다는 데서 사회의 배려가 필요하다.

노인이 되면 다른 기능과 마찬가지로 성기능에 있어서도 변화가 생긴다. 젊었을 때는 외부의 성적 자극에 대하여 빠르게 반응하지만 나이가 들수록 속도나 강도는 감퇴한다. 실제로 남자의 성적 충동은 10대에 최고조에 달했다가 서서히 줄어들고, 여성의 성감은 성인이 된 후 최고조에 달해 유지되다가 60대 말이 되면 감소하는 경향을 보인다. 나이가 들수록 나타나는 남성과 여성의 성기능 차이를 보면 다음과 같다.

1) 남성의 변화

남자의 경우 나이가 들수록 남성 호르몬이 감소하며 성욕과 성기능도 감소된다. 특히 남성은 나이가 들수록 음경이 발기하는 데 걸리는 시간이 길어지고 자극을 받고서도 음경이 즉시 발기하지 않는다. 발기 후 지속시간도 짧아져서 몇 분간 유지하다가는 곧바로 수그러든다. 그리고 발기는 해도 단단해지지 않는다. 뿐만 아니라 사정하기 전 분비물이 감소하며, 매번 성교 때마다 사정이 되는 것이 아니고, 사정이 된다고 하더라도 정액량이 감소하여, 사정하는 데 힘이 없어진다. 따라서 자연스럽게 쾌감이 줄어들거나 모호해진다. 이런 현상은 나이가 먹음에 따라 자연스럽게 나타나는 현상이므로 걱정할 일이 아니다.

남자가 성욕이 발생하는 직접적인 원인은 고환에서 분비되는 안드로겐 때문이다. 다만 성욕을 불러일으키는 과정은 매우 복잡하여 시각적, 후각적, 청각적, 상상적인 영향을 받는다. 노인이 되면 성호르몬의 분비가 감소하고 그에 따라 성욕이 감퇴하는 것은 필연적이다. 그러나 성적 욕구와 성기능은 일반인이 상상하는 것처럼 그렇게 큰 폭으로 감퇴하지 않고 매우 완만하고도 균형 있게 이루어진다.

다만 젊은이들은 성욕이 강렬하기 때문에 머릿속으로 상상만 하거나 시각, 청각, 후각을 통한 자극만으로도 성욕이 일어날 수 있다. 그러나 나이가 들수록 이러한 자극에 대한 반응은 점차 사라지고 전신의 애무와 생식기의 직접적인 자극이 아니고는 성욕을 불러일으킬 수가 없다. 따라서 노인들은 피부 접촉 욕구가 강해지는 추세를 보이는데 이는 성생활의 횟수가 감소하는 것을 보상하기 위한 욕구일 가능성이 높다.

따라서 노인 남자들은 성생활을 하기 전에 준비를 잘해서 서로 정성들여 애무하고 국부에 대한 자극을 강화함으로써 성욕이 일정한 만족을 얻을 수 있도록 해야 한다. 그래서 부부 간의 애무와 포옹은 노인 남자의 성생활 유지에 매우 중요하다.

그러나 아무리 외부적인 자극을 주어도 발기가 되지 않을 때는 남성 발기부전일 가능성이 있다. 남성 발기부전의 가장 흔한 원인은 심혈관계 질환과 당뇨로 인해서 발생한다. 동맥 경화증의 초기 증상이 발기부전으로 나타나는 경우가 많다. 음경 동맥의 이상이 있는 경우 고지혈증·허혈성 심장질환이나 뇌졸중과 관련 있을 가능성이 있다. 당뇨병 환자에서 발기부전의 빈도는 28%로 일반인의 9.6%보다 높다. 만성적인 상태가 되면 치료가 어렵고 심각한 스트레스로 작용한다. 관절염도 통증이나 경직·동작의 장애로 인해 성관계를 어렵게 하며, 흡연도 발기에 안 좋은 영향을 미친다.

문제는 남성은 나이가 들면 발기에 더 많은 자극이 필요하고 발기가 오래 지속되지 않을 수 있지만, 오히려 이러한 변화에 대한 불안감이 발기부전 등의 성기능 장애를 초래한다. 노인들이 매번 사정해야 한다는 강박관념만 버린다면 성행위의 빈도를 조절하며 성생활을 지속적으로 유지할 수 있다. 뿐만 아니라 테크닉을 달리함으로써 얼마든지 성기능 장애를 방지하고 성생활을 유지할 수 있다.

나이로 인한 호르몬 결핍 증상은 남성 호르몬 보충 요법으로 큰 효과가 있다. 남성 호르몬 보충 요법은 성욕과 발기력을 향상시킬 뿐 아니라 골다공증 예방, 근력 강화, 기분전환 등의 부수적인 효과도 얻을 수 있다. 요즘은 비아그라와 같은 경구용 발기부전 치료제를 이용하거나 음경해면체 주사제를 이용하면 발기부전 등을 극복할 수 있다.

2) 여성의 변화

남성이 호르몬 결핍에 의해 성욕이나 성기능이 감소하듯 여성에게도 폐경기 증상과 함께 나타난다. 여성은 45세 전후의 폐경기가 지나면서 난소의 기능 부전으로 여성 호르몬 및 남성 호르몬 저하가 나타난다. 이러한 현상은 갱년기 장애와 함께 질 분비액이 감소하고 생식기로의 혈류도 감소하면서 통증 등을 유발하거나 감각이 떨어질 수 있다.

폐경은 우리 인간이 진화론적으로 좀 더 자녀를 잘 기르고 오래 살기 위해 택한 전략이다. 그러므로 폐경이 곧 성생활의 중단을 의미하지는 않는다. 여성이 60대가 되면 질 윤활액이 분비되기까지 더 많은 시간이 걸리지만 성 흥분과 쾌감은 거의, 또는 전혀 영향이 없다. 폐경기가 지나도 정기적으로 오르가즘을 경험한 여성들은 섹스를 전혀 하지 않는 여자에 비해 질 위축이나 외성기의 장애가 적으며, 심리적 만족감도 높다. 그러나 여성들의 경우 성 지식이 매우 낮아 폐경기 이후에 스스로 성 욕구를 가지면 안 된다고 여기는 경향이 있어 성 욕구를 참는다. 하지만 여성도 남성과 마찬가지로 젊을 때와는 다르지만 노후에도 여전히 성생활을 하는 것이 자연스러운 일이다.

여성의 경우 국소 호르몬제 또는 윤활제 등을 사용하거나 적절한 상담 치료를 통해 여성 성기능 장애를 호전시킬 수 있다. 여성의 성적 욕구를 높이는 방법은 호르몬 보충으로 성욕의 증가 · 감각의 호전 등을 기대할 수 있다.

11. 100세를 건강하게 사는 식습관

장수하는 건강한 몸과 마음은 건강한 식습관을 통해 만들어진다. 특히 매일 먹는 음식은 건강관리를 위한 기본이라고 할 수 있다. 신체 기능이 저하되고 면역력이 약화되면서 잦은 질병에 노출되는 노년기에는 올바른 식습관을 갖는 일이 중요하다. 건강한 노년을 보내려면 올바른 식생활을 해야 하는데 좋은 식품 섭취를 통해 노화를 예방하고, 건강한 몸을 만드는 영양 성분을 공급해야 한다.

1) 질병을 예방하는 식습관

히포크라테스가 말하기를 "음식으로 고치지 못하는 병은 약으로도 고칠 수 없다."라고 했다. 우리말에도 "밥 잘 먹는 것이 최고의 보약이다."라는 말이 있는데 이것을 약식동원(藥食同源)이라고 한다. 즉 "약과 음식은 근원이 같다", "음식을 잘 먹으면 건강해진다"라는 의미이다. 따라서 식습관만 바르게 유지한다면 크고 작은 질병에 시달리는 일은 막을 수 있다.

(1) 균형 잡힌 식습관

〈동의보감〉에 보면 "곡기가 원기를 이기게 되면 살이 찌게 되며 수명이 짧아진다. 그러나 원기가 곡기를 이기면 살도 찌지 않으며 장수할 수 있다."라는 말이 나온다. 음식의 영양분이 우리의 생명을 유지하는 힘이 되는 것은 사실이지만, 영양분이 우리의 생명력인 원기를 이기면 곡기에 지쳐서 오히려 원기가 줄어든다.

이처럼 무턱대고 먹성이 좋아서 많이 먹는 것이 건강의 근원이라고 생각하는 것은 큰 잘못이다. 많이 먹어서 체중이 늘어났다는 것은 그만큼 곡기가 원기를 눌렀기 때문에 성인병을 가져온다. 따라서 균형 잡힌 식생활의 기본은 영양소를 골고루 갖춘 식단으로 하루 세 끼를 규칙적으로 먹는 것이 중요하다. 먹는 행위 자체로 보면 과식을 피하고 적당히 먹어야 한다.

(2) 싱겁게 먹는 습관

우리나라만큼 반찬이 많은 나라도 없다. 우리나라는 밥과 국을 제외한 나머지는 전부 반찬이라고 해도 과언이 아니다.

문제는 밑반찬이 너무 짜기 때문에 위장병의 원인이 될 수 있다. 우리는 반찬이 없으면 밥을 못 먹을 정도로 반찬에 의존하고 있다. 이러한 식습관이 우리를 병들게 하고 있다. 따라서 식사를 할 때 되도록 반찬의 가지 수를 줄여야 하며, 반찬을 덜 먹는 것이 위장병이나 위암에 걸리지 않는 가장 좋은 방법이다.

2) 생명 연장의 꿈과 슈퍼푸드

마이클반 스트라텐과 바바라 그릭스의 베스트 셀러 〈슈퍼푸드SUPER FOOD〉를 보면 활성산소를 제거하고 체내에서 필요로 하는 영양소를 많이 함유하고 있는 웰빙식품을 '슈퍼푸드'라고 하였다. 뿐만 아니라 미국의 저명한 영양학자 스티븐 프랫(Steven G. Pratt) 박사가 세계의 장수 마을을 연구해 발표한 14개의 건강식품을 슈퍼푸드라고 하였다.

결국 슈퍼푸드는 세포 노화를 촉진하는 활성산소를 제거하고, 우리 신체에 활력을 제공하며, 면역력을 강화시켜 각종 질병 예방에 도움이 되는 음식이다.

〈표 3-1〉 슈퍼푸드의 종류

종류	내 용
아몬드	항산화물질과 비타민 E가 많이 함유되어 있으며, 콜레스테롤과 혈당 조절에 도움이 되며 심장질환, 뇌졸중, 골다공증 예방에 좋다.
블루베리	비타민 C와 안토시아닌이 많아 시력 저하, 노화, 치매 예방 효과가 탁월하다.
브로콜리	셀레늄과 철분이 많이 들어 있어 최고의 항암 식품으로 알려져 있으며, 빈혈 예방에 좋다.
단호박	카로틴과 비타민 A가 많이 들어 있으며, 항암작용과 피부미용과 야맹증에 도움이 된다.
토마토	각종 비타민과 미네랄이 풍부해 항암 작용은 물론이고 심장병, 노화, 비만, 변비 등에 두루 효과가 있는 만능 식품이다.
콩	식이섬유와 아연이 많이 들어 있으며, 식물성 단백질로는 섭취하기 힘든 필수 아미노산 성분인 리신이 많다.
케일	카로티노이드와 비타민 K가 다량 함유되어 있어서 항암 효과가 탁월하며, 심혈관 질환 예방에 좋다.
오렌지	식이성 엽산과 비타민 C가 많이 들어 있고, 심장질환에 좋으며, 항염증, 항바이러스에 효과가 좋다.
연어	오메가3, 불포화지방산, 비타민 D가 많이 들어 있으며, 고혈압, 동맥경화, 심장질환, 뇌졸중, 골다공증 예방에 좋다.
플레인 요구르트	칼슘과 단백질이 많아 장내의 독소 생성을 억제하여 위장, 대장 관련 질환을 막아준다.
시금치	카로티노이드가 풍부해 노화 예방에 좋다. 물에 오래 담가두면 수용성 비타민이 손실되므로 씻을 때나 조리할 때 주의한다.
녹차, 홍차	카테킨, 폴리페놀, 비타민 C가 풍부하게 함유되어 있어, 콜레스테롤 수치를 낮추고 혈관 내벽에 혈전이 쌓이는 것을 예방한다.

12. 노후에 건강을 유지하기 위한 운동

노인들은 노후에 찾아오는 여러 가지 원인에 의한 스트레스와 환경오염, 신체적 활동 감소로 건강 위험이 점차 증가한다. 또한 가사 노동의 기계화에 따른 운동 부족, 영양의 편중 노화로 인한 체력 감소는 저항력을 감소시켜 신체 기능을 원활하지 못하게 하는 등의 문제를 일으킨다. 세계보건기구(WHO)가 제시하고 있는 지적, 정서적, 의지적 건강을 포함한 포괄적 건강관리는 건강운동뿐이다. 의사들도 몸의 노화를 지연시켜주는 데는 운동만큼 효과적인 것이 없다고 한다.

오늘날 노인들에게 체력증진에 따른 건강관리 정보는 이미 많이 알고 있고, 매스컴을 통하여 수시로 알려주고 있다. 따라서 노후에 건강한 삶을 살기 위해서는 규칙적인 운동과 생활습관이 필요하다는 것도 잘 알고 있다. 그러나 운동의 필요성과 효과를 잘 알면서도 실천하려는 노력이 부족하다. 따라서 건강한 노후를 위해서는 꾸준히 실천할 수 있는 신체적 운동이 매우 중요하다. 결국 노화 현상을 줄이고 건강을 유지하며 체력을 증진시키기 위해서는 끊임없이 건강운동 프로그램에 참여하거나 지속적으로 하려는 의지가 절대적으로 필요하다.

노인들의 건강관리에서도 가장 취약한 부분은 운동 부족으로 생기는 약한 근력이다. 노인들의 인체는 적당히 사용하면 그 기능을 유지하고 향상시킬 수 있지만, 사용하지 않으면 급속하게 퇴화되고 약해진다. 노후에 근력을 강화하는 운동에는 팔굽혀 펴기, 앉았다 일어서기, 윗몸

일으키기, 다리 올렸다 내리기 등 관절을 중심으로 굽히고, 펴는 운동이 좋다. 노년기에는 노화로 신체기능이 현저하게 떨어지기 때문에 지속적으로 움직이는 것 자체가 운동이 될 수 있다.

노후에 건강을 유지하기 위해서는 중년기부터 유연성이나 근력, 심폐지구력을 증진시켜주는 걷기, 달리기, 수영, 자전거 타기, 마라톤 같은 유산소 운동이 좋다. 유산소 운동은 몸 안에 최대한 많은 양의 산소를 공급시킴으로써 심장과 폐를 튼튼하게 하며 혈액 순환과 혈관 기능을 향상시키고 비만과 고혈압이나 동맥경화, 고지혈증, 당뇨병, 심장순환계 질환을 예방하는 데도 매우 효과적이다. 또한 알츠하이머, 파킨슨병 같은 퇴행성 뇌질환의 발병 위험도 낮춘다. 특히 고혈압 환자가 규칙적으로 운동을 하면 혈압이 저하될 뿐만 아니라 혈중 중성지방 수치를 낮추고, 몸에 좋은 HDL-콜레스테롤 수치를 높인다.

하지만 아무리 몸에 좋은 유산소 운동도 잘못된 방법으로 하면 오히려 해가 될 수 있다. 운동을 하려면 처음에는 격렬한 운동보다는 낮은 강도로 걷기, 달리기, 수영, 자전거 타기 등 몸에 무리가 적은 운동으로 시작하여 자신의 몸 상태에 맞고 좋아하는 운동을 선택해야 꾸준히 할 수 있다.

한꺼번에 몰아서 운동할 때 가장 큰 타격을 입을 수 있는 부위가 무릎이다. 평소 운동을 하지 않아 관절이나 근력이 약한 상태에서 살을 빼기 위해 갑자기 달리기를 한다든지 주말 등산이나 마라톤 등 과한 운동을 충분한 준비 없이 하면 관절에 충격이 가해지기 때문에 무릎에 크게 무리를 줄 수 있다. 특히 무릎은 우리 몸에서 가장 많은 하중과 충격을 견디는 관절로 다른 관절에 비해 체중의 영향을 많이 받는다.

제4장

고독관리

직장에서 갑자기 은퇴하게 되면 느닷없는 역할상실로 인해 소외감과 상실감을 느낄 수 있으며, 가족과 친구들이 곁을 떠나가는 것을 겪으면서도 소외감과 상실감을 경험한다. 이러한 소외감과 상실감은 노년기의 삶을 고독하게 만든다.

1. 부모를 모시지 않는 자녀들

한국은 과거에 장수하는 부모를 자녀가 부양하는 것은 당연하게 생각해 왔다. 그러나 현실적으로 가능하지 않다. 이미 일본에서는 자녀가 부모를 모시고 사는 경우가 극히 드물다. 우리나라에서도 결혼한 자녀는 독립하는 것을 기본으로 하고 있고, 자녀를 출가시킨 부모는 별도로 사는 것이 익숙해지고 있다.

부모를 모시지 않는 이유는 먼저 핵가족화에 따른 부부 중심의 생활 때문이다. 자연스럽게 부모를 모시지 않고 사는 것을 본 자녀들은 결혼 후 그들의 부모가 그랬듯 자기들도 부모에게서 독립해서 사는 것을 당연하게 생각한다. 또한 부모를 모시고 사는 것이 경제적으로 힘들고 고부간의 화합도 어렵기 때문에 같이 사는 것이 점점 어려워지고 있다. 결혼한 자녀들은 자녀 양육과 주택을 마련하기 위해서 많은 비용이 들기 때문에 부모를 모시거나 경제적인 지원을 힘들어할 수밖에 없다.

결혼하기 전에 부모들이 자녀들에게 "나중에 부모가 힘들어지면 어떻게 할 거니?"라고 물으면 과거에는 당연히 "모시고 살 거다."라고 말하는 자녀들이 많았지만, 요즘에는 "같이 살지 않는다.", "요양원에 보낸다."라고 표현하는 자녀들이 많다. 이런 말을 들으면 적잖은 충격을 받겠지만 이것이 현실인 것이다. 이러한 현상은 시간이 가면 갈수록 더욱 심해질 수밖에 없다.

결국 이러한 사회의 변화를 인식해서 자녀들이 부모를 모셔 줄 것이라는 생각보다는 "내 노후는 내가 책임져야 한다."라는 생각을 가지고 자신만의 노후를 준비하는 수밖에 없다. 혹여나 자녀들이 자신들을 모시고 살거나 지속적인 용돈을 제공할 거라는 기대감을 가질 수도 있지만, 만약 기대한 대로 되지 못한다면 매우 큰 배신감을 느낄 수밖에 없다. 이로 인해 오히려 자녀들과는 거리만 멀어져서 노후에 더 큰 외로움을 만들게 된다.

앞으로 행복한 노후를 위해서는 자기 앞가림에 바쁜 자녀들에게 의지하기보다는 부부가 같이 자녀의 도움 없이 살 수 있도록 든든한 재무설계와 건강관리를 해야 한다. 그러기 위해서는 너무 자녀교육이나 결혼에 모든 것을 바쳐서 도와주기보다는, 분명하게 교육과 결혼에 지원할 수 있는 범위와 한계를 정해주어 선 긋기를 해야 한다. 그리고 될 수 있으면 자신의 결혼자금은 최대한 스스로 마련하라고 평소에 교육시키고 준비하도록 지도해야 한다. 그리고 결혼을 앞둔 자녀들에게는 결혼 후에 독립심과 자립심을 키워줘야 한다. 그래야 자녀에게 무한한 투자로 인한 경제적인 어려움에서 벗어날 수 있다. 어떤 부모들은 대학 학자금이나 결혼에 들어간 비용을 돈을 벌면서 갚으라는 효도계약서를 작성하기도 한다.

한편 여성가족부와 통계청이 발표한 '2013 청소년 통계'를 보면 부모부양에 대해 가족이 돌봐야 한다고 대답한 청소년이 2002년에는 67.1%였으나 2012년에는 35.6%로 두 배 정도 줄었다. 그러나 가족과 사회, 정부에서 함께 돌봐야 한다는 견해는 같은 기간 20.5%에서 50.0%로 늘었다. 2년 뒤 '2015 청소년 통계'에서는 '가족과 사회, 정부가 함께 돌봐야 한다.'가 45.4%로 역시 가장 많고, 그다음은 가족이 38%, '부모 스스로 해결해야 한다.'라는 응답이 13.5%에 달했다. 또한 부모부양 책임을 장남이나 맏며느리가 해야 한다는 의견(3.2%)보다는 '모든 자녀'라는 응답이 80.1%로 가장 많았고, '자식 중 능력 있는 자'라는 답변은 12.5%였다. 이러한 변화를 대비하기 위하여 사회적으로나 개인적으로나 노년기를 반드시 준비해야 한다.

2. 효도하는 마지막 세대

오늘날 우리는 급변하는 사회 속에 살다보니 생활과 가치관의 변화에 의해 전통적인 윤리와 도덕의식이 실종되어 가고 있다. 특히 서양의 복지 국가들을 보면 심각해지는 노인 부양 문제를 두고 더 이상 복지제도에만 의지하기에는 한계 상황에 도달할 것이라는 것을 느끼게 한다. 그러나 다행히도 우리 민족은 조상으로부터 이어받은 효가 노인 부양 문제를 해결해왔다. 효는 부모 자녀 간의 도덕적인 관계를 규정하는 가치이자 규범이다. 이의 기본은 부모와 노인을 존경하고 보살피며 돕는, 자녀와 가족의 의무를 일상생활 속에서 실행하는 것이다.

효(孝)란 늙은 어른(老)을 받드는 자식(子)이라고 하는 문자 구성에서도 알 수 있듯 그 행위 주체가 자식이라고 말할 수 있다. 효의 사전적 의미는 '부모를 잘 섬김(善事父母)'이다. 우리가 흔히 사용하는 '효도(孝道)'는 '부모를 잘 섬기는 자식의 도리(道理)'이다. '효심(孝心)' 또는 '효성

(孝誠)'은 '효도하는 마음'을 가리키며, '효행(孝行)'이란 부모를 잘 섬기는 자식의 행위 즉 '효도하는 행위'를 말한다.

뿌리 없는 나무가 없고, 근원이 없는 샘이 없듯 부모 없는 자식이란 있을 수 없다. 나를 낳아 사랑과 정성으로 길러 주신 부모님의 은혜에 보답하는 것은 자식의 도리이며 가장 사람다운 일이다. 결국 효란 소중한 자기의 생명이 존재하게 된 근원을 생각하고, 그 근원을 성심성의껏 공경하고 사랑하는 것을 뜻하며, 효행(孝行)은 자기를 낳아주고 길러 주신 부모님을 성심성의껏 섬기는 일을 하는 것을 말한다.

우리는 전통적인 가부장적 대가족 제도로 오랫동안 살아왔기 때문에 효를 중요시하는 국가로, 부모님을 공경하고 섬겨왔다. 그러나 사회가 핵가족 제도로 바뀌면서 자식에게만 내리사랑을 하고 위로는 부모를 모시는 일들이 점점 줄어들고 있다. 예전에는 대가족 제도였기에 부모 봉양 문제가 자연스럽게 해결되었는데 사회 구조가 핵가족화 되면서 문제가 생긴 것이다. 이러한 핵가족 위주의 가정은 급속도로 부모에 대한 고마움을 상실하고 오로지 자녀에 대한 애정만을 갖고 살게 하고 있다. 실제로 최근 이러한 사회적 분위기로 부모 부양이 부담스러워진 자녀들이 속출하고 있으며, 이로 인한 고독, 소외 그리고 경제적 어려움을 호소하는 노부모의 수가 증가하고 있다.

효도는 보고 배우는 것인데 점차 핵가족화 되어가고 손주들이 부모가 효도하는 것을 보지 않고 자라다 보니 자연적으로 요즘 세대들은 효도가 무엇인지 모를뿐더러 자신만을 아는 이기적인 아이들로 자란다는 것이다. 결국 효도를 모르는 세대가 사회를 지배하게 되기 때문에 부모를 봉양하는 것은 꿈도 꾸지 않는 아이들이 늘어가고 있다.

요즘 추세로 나아가면 베이비붐 세대를 일컬어 효도를 하는 마지막 세대이면서 자식들에게 버림받는 첫 세대가 될 것이라고 예측한다. 베이비붐 세대는 굶주림 시대에서 탈피하여 산업화가 이루어지던 1960~70년대 시절에 부모를 봉양하고 자식을 키우면서 오직 일만 하던 세대로 노후대책이 따로 준비되어 있지 못한 세대들이다. 더욱이 한 자녀 출산이 증가하면서 앞으로는 부모 부양을 책임지기도 힘들어진다. 반면 자녀들의 맞벌이가 증가됨에 따라 손주를 조부모에게 맡기는 경우가 증가하고 있다. 효도는커녕 정작 여가를 즐기며 여유 있게 살아야 할 노후에 손주까지 키워줘야 함에 따라 경제적으로 더욱 어려움이 커지고 있다. 따라서 베이비붐 세대이면서 미래를 준비하지 않으면 경제적으로 어려움이 더욱 커질 것이다. 아울러 자녀들에게 버림받음으로 인해서 외로움과 자신의 신세를 한탄하는 노인 우울증이 더욱 증가할 것으로 예측할 수 있다. 부모는 자녀들과의 관계를 다시 한번 정립하고 아울러 자신의 노후생활을 위해서 무엇을 준비해야 할지를 깨달아야 한다. 자녀에 대해서는 일정 기간만 책임을 지고 나머지 삶은 경제적으로 독립하게 하면서, 부모 세대는 노후준비에 박차를 가해야 할 것이다.

3. 부양료 청구 소송

부양료 청구 소송이란 생활 능력이 없는 노부모가 부양 의무를 이행하지 않는 자식에게 의무를 강제로 이행하게 하기 위하여 법원에 제기하는 청구 소송을 말한다. 실제로 서울가정법원에 따르면 매년 꾸준히 증가하여 2011년에는 201건에서 2015년에는 239건으로 증가하였다. 이처럼 부양료 청구 소송이 늘어나는 이유는 부모들이 자식 양육에만 집중하다 보니 노후준비가 제대로 되어 있지 않아 사는 것이 너무 힘들고, 자식들은 굳이 부모를 모시지 않아도 된다는 가치관의 변화가 생겼기 때문이다. 이로 인해 전통 사회의 미덕으로 여겨지던 '부모 공양'에 대한 인식이 사라지면서 자녀들과의 천륜을 끊고 부양료를 위해 법정에 서는 노인들이 늘고 있다.

실제로 판결 사례를 보면 아들 둘을 키운 A(여 75)씨는 노령연금과 장애수당으로 나오는 11만8000원으로 월세 10만 원짜리 쪽방에서 하루하루를 어렵게 보낸다. 그는 홀몸으로 한복 바느질을 하며 애지중지 키워온 두 아들에게 철저히 외면당했을 뿐만 아니라 지금과 같은 자신의 현실을 받아들이기 힘들어 자식을 상대로 부양료 청구 소송을 내었다.

A씨는 방송국에 취직한 큰아들에게 집과 의상실을 처분해 아파트를 구입해줬고 며느리에게는 사업 자금을 보태주면서 큰아들 집에 같이 살았다. 하지만 며느리의 외도 이후 사이가 나빠진 큰아들 부부의 무관심과 폭력으로 A씨는 집을 나올 수밖에 없었다. A씨는 작은아들에겐 기꺼이

명의를 빌려주고 손자까지 키워줬건만 작은아들도 천륜을 끊어 버렸다. A씨는 결국 자신의 어려운 처지를 알면서도 3년간 연락을 끊은 큰아들을 상대로 부양료 청구 소송을 냈다. 법원은 큰아들에게 어머니가 사망할 때까지 매월 40만 원을 지급하라고 판결했다.

기초생활수급 대상자인 B(남 76)씨는 육군 중령으로 넉넉한 생활을 하고 있는 아들에게 지난 2009년부터 부양료를 요구해왔지만 아들은 1년에 2~3번 5만 원을 보내준 게 전부였다. 아무 재산도 없이 고령으로 일자리조차 구하기 어려웠던 B씨는 법원에 아들을 상대로 부양료 청구 소송을 냈다. 법원의 조정 결정으로 아들은 아버지가 사망할 때까지 월 20만 원씩을 지급하기로 했다.

부양료 청구 소송은 사회의 변화 속에서 더욱 증가할 것으로 예측한다. 현재 부모를 봉양해야 한다고 생각하는 노인 세대들과 달리 핵가족주의적 성향을 가진 자녀 세대들이 노부모 부양을 결코 자신들만의 책임으로 생각하고 있지 않기 때문에 부모들은 배신감을 느낄 수밖에 없다. 이에 부모들은 과거에는 체면을 중시해서 자식들이 찾아오지 않아도 자신이 자녀교육을 잘못한 탓으로 돌렸지만, 요즘에는 경제적 이익을 되찾으려는 의식 전환으로 말미암아 부양비 청구 소송을 하는 빈도가 늘고 있다. 법률적인 소송이란 부모가 법정에서 부모를 모시지 않았다고 자식을 고발해 법정에 세우는 것이다. 이것은 결국 자식과 부모 간의 정은 단절시키고 의무만 지우는 결과다. 어차피 부모를 버렸기 때문에 이에 대한 분노로 자식을 법정에 세우는 것이므로 재판 결과 뒤에 더욱 갈등이 증폭되거나 멀어질 수 있다는 것을 염두에 두어야 한다.

4. 늘어나는 현대판 고려장

고려장이란 늙고, 병들고, 쇠약한 부모를 산 채로 버려두었다가 죽은 뒤에 장사 지낸 일을 말한다. 이윤경(2005)의 '노인학대 대응정책의 현황과 과제' 보고서를 보면 최근 3년간 가족에게 버림받는 노인들이 26.5% 이상 늘어나고 있으며, 스스로 자신을 방치하는 경우도 83%로 급증하고 있어, 이처럼 노인들이 가족들에게 버려지는 현상을 현대판 고려장이라고 한다. 이러한 문제점을 대비하기 위해서도 노후설계는 필수이다.

최근 가족 해체와 고령화 사회로 접어들고 있는 가운데 가족과 이웃들의 외면 속에 노인 학대가 심각한 사회 문제로 대두되고 있다. 이러한 사회 문제로 등장한 것도 바로 현대판 고려장이다. 최근에는 부모님을 가정에서 모시기 어려워서 요양원에 부모님을 맡기는 경우가 매우 많아지고 있다. 2008년 7월 노인 장기요양 보험의 실시로 정부가 요양원 입원 노인들에게 건강 보험료의 80%를 제공하자 노인 부양비용 부담이 크게 줄었다. 그러자 노인 요양원들이 돈벌이가 된다는 소문을 듣고 이런 시설들이 우후죽순처럼 늘어났다. 2008년 1,300개였던 노인 요양원의 수가 2015년 기준 4,999개로 크게 증가했다. 자연스럽게 노인 요양원들은 돈벌이 수단을 위하여 노인들을 요양원으로 끌어들일 수밖에 없었다. 노인 요양원들의 불법적이고 야만적인 행태는 KBS 〈소비자 고발〉에서 보도되기에 이르렀다.

〈소비자 고발〉의 보도에 따르면 일부 요양원은 돈을 벌기 위해서 입소 자격이 안 되는 노인들의 서류를 의사와 짜고 위조하여 입원하도록 하는 불법도 자행하였다. 또한 치매 환자의 경우 손발을 침대에 묶어 짐승처럼 다루고, 치매 환자는 줄곧 누워 있기만 하다 보니 욕창이 생기는 일이 비일비재하였다. 또한 형편없는 식사를 내놓거나 간호 등 관리 부실로 멀쩡한 노인들이 병이 생기기도 하였다. 심지어는 노인들의 병세가 악화되어도 죽을 때까지 자식들마저 방치하는 일마저 벌어지고 있다. 노인 요양원의 돈 욕심과 부모를 모시지 않으려는 자식들의 이기심이 만난 까닭이다. 노인 요양원에 부모를 맡긴 5% 가량의 가족들은 노인을 요양 시설에 입소시킨 후, 발걸음을 아예 끊어버리는 것으로 나타났다. 결국 부모를 모시기 싫은 자녀들이 손쉽게 노인 장기요양 보험의 혜택을 이용하여 노인들을 요양원으로 보내는 현대판 고려장을 자행하는 것이다.

굳이 노인 요양원에 부모를 의탁하는 경우가 아니더라도 현대판 고려장은 쉽게 찾아볼 수 있다. SBS 〈그것이 알고 싶다〉에 방영되어 큰 파장을 일으켰던 '자식만을 믿은 죄, 해외 고려장' 편에서는 해외에 버려지는 노인들을 보도하였다. 해외로 이민 간 자식들이 같이 생활하자며 부모를 초청하고 부모는 전 재산을 정리하여 자식을 믿고 해외로 들어간다. 하지만 자식들은 부모의 비자가 만료되는 시점에서 종적을 감춰버린다. 이렇게 낯선 타국에 버려진 부모는 불법체류자가 된다. 뿐만 아니라 외국 여행이나 국내 여행을 가서 부모를 버리고 오는 경우도 종종 신문 기사에 등장하고 있다. 한편 부모를 감금시키고 방치하는 일도 벌어지고 있다.

앞으로 평균수명 증가로 부모와 자녀 간의 갈등과 경제적 어려움 등을 이유로 부모를 찾지 않고 방치하는 경우가 증가하게 될 것이다. 문제는 독거노인들의 경우 경제적으로 어려움을 겪고 있을 뿐만 아니라 건강이 좋지 못한 경우는 거의 방치되기까지 하여 고독과 절망을 가슴에 품고 죽음을 기다리고 있는 경우도 있다는 것이다.

결국 노인을 자녀들이 경제적인 이유로 방임한다는 것은 자기 몸을 제대로 가누기 어려운 노인들에게는 학대나 다름없다. 실제로 통계자료를 보면 노부모 학대가 점점 늘어나고 있다. 학대로는 욕하거나 협박하는 언어, 정서적 학대가 가장 많았고, 심지어 폭행하는 신체적 학대나 죽든 살든 신경 쓰지 않고 돌보지 않는 방치 등도 적지 않은 것으로 집계됐다.

노인 학대는 가정 내에서 이루어지는 일이고 통상 자식들에 의해 이루어지는 일이기 때문에 부모 입장에서 다른 사람의 도움을 청하기가 쉽지 않다. 심한 경우 폭행을 당해도 스스로 자식 교육을 잘못했다고 넘기기 때문에 더욱 큰 문제가 되고 있다. 따라서 주변에서 관심을 기울여주고 적극적으로 신고해주는 것만이 노인 학대에 대해 보호 장치를 마련하는 방법이다.

5. 천덕꾸러기가 된 외톨이 할아버지

한국보건사회연구원의 2014년 '우리나라 노인실태'를 조사한 연구 결과를 보면 우리나라 노인 20% 정도는 평소 배우자를 제외한 다른 사람을 만나지 못하는 고립 상태에 있는 것으로 나타났다. 또한 43.5%는 자녀와 떨어져 살면서도 밀접하게 접촉하지만, 친구나 지역사회 사람들과는 거의 만나지 않는 현대적 가족 중심형이었다. 자녀와 동거하고 별거하는 자녀와도 만나지만 친구나 이웃과는 접촉하지 않는 '전통적 가족 중심형'도 21.1%의 비율을 차지했다. 이외에 자녀와 동거하거나 별거 자녀와 긴밀한 관계를 유지하는 동시에 친구와 이웃 등 지역사회 구성원들과도 자주 만나는 '다층형'이 11.2%였고, 친구나 이웃 등만 접촉하는 '지역사회 중심형'이 4.2%를 기록했다.

연구 결과를 분석해보면 경제 수준과 교육 수준이 높을수록 고립형의 비율은 감소하는 반면 전통적 가족중심형의 비율과 다층형의 비율은 증가한다. 결국 학벌이 높고 소득과 재산이 많으면 가족과 친구, 이웃 등과 자주 만날 확률이 높아진다는 의미다. 반대로 학벌이 낮고 가난할수록 고립되어 외롭게 사는 비율이 늘었다. 성별로 보면 고립형의 비율은 남성 노인이 더 높았고 다층형의 비율은 여성 노인이 더 많았다. 최근 세계보건기구(WHO)의 발표에 따르면 우리나라 여성 평균수명은 83세로 남성의 78세에 비해 평균 5년을 더 사는 것으로 나타났다. 노인 인구의 남녀 구성비는 60세 이상 노인의 남녀비율이 약 5:9이고, 이는 고령화하면 할수록 격차가 더욱 심해져서 부부가 노후에까지 동고동락을 하지 못하고, 고독한 생활을 하게 된다.

남자가 60대가 지나서 배우자와 사별하든지 이혼을 한다면 어떤 모습으로 살까? 여자들은 혼자 되면 자녀들 살림이라도 해주고 아이라도 봐줄 수 있으니 자식들에게 어느 정도는 대우를 받을 수 있다. 더욱이 친구를 사귀어 친구들과 왕래하면서 여생을 보낼 수 있다. 그러나 남자는 혼자 되면 자녀들을 위해 해줄 수 있는 것이 별로 없을뿐더러, 특히 며느리와 같이 사는 경우에는 처신이 어렵다. 또한 친구 관계도 점점 줄어들어 더욱 외롭게 사는 것으로 나타났다. 그나마 경제적으로 여유로운 경우는 형편이 낫지만 그렇지 않다면 그 신세는 너무 처량하기 그지없다.

실제로 노인들의 천국인 파고다 공원이나 노인복지관을 가보면 할머니들은 별로 없고 할아버지 수백 명이 쪼그리고 앉아 있다가 밥 먹을 때가 되면 끝이 보이지 않게 줄을 선다. 여성 노인들은 집에서 할 일도 있고 직접 밥도 해서 먹을 수 있지만 남성 노인들은 집에서는 할 일도 없고 직접 식사를 만드는 것도 귀찮거나 능력이 안 되기 때문이다.

나이가 들수록 남자들은 가정으로 파고들고 여성에게 의지하려는 성향이 강한 반면에 여성들은 독립적인 욕구를 갖게 되면서 집보다 밖에서의 생활을 더욱 원한다. 그러다 보니 자연적으로 남성들을 대하는 여성들은 답답할 수밖에 없다. 남편만 없으면 편하게 살 수 있는데 남편이 있어서 집안일을 해야 하고, 남편 식사를 준비하는 것에 부담을 갖는 여성들이 점점 증가하고 있다.

또한 독거노인들에 대한 영양학적인 조사에 따르면 남성 노인들이 여성 노인에 비하여 월등히 영양이 부족한 것으로 나타났으며, 독거 남성 노인들은 음식을 장만하는 일을 해보지 않을수록 집에서 밥을 해먹는 것을 부담스러워해 무료 급식을 이용하거나 간편한 라면이나 빵으로 때우는 경우도 많았다. 이러한 문제를 해결하기 위해서는 부인이 살아 있을 때부터 음식 만드는 것을 배워서 천천히 혼자 해보는 연습을 하는 것도 중요하다.

따라서 남성 노인들은 나이가 들수록 천덕꾸러기 외톨이가 되지 않도록 은퇴 후 노후설계를 하여 준비 없는 100세 시대의 고통에서 벗어나거나, 고독력을 키워 자신이 혼자 살 수 있도록 세상을 준비해야 한다. 부인이 있더라도 최소한으로 의지하고 나머지는 자신의 힘으로 해결해 나가도록 해야 한다. 남성 노인들이 스스로 요리하면 자신의 먹거리를 해결하는 데 도움이 되며, 가사를 분담하는 데도 도움이 된다. 또한 요리는 손을 유난히 많이 움직여야 하므로 다른 어떤 것에 비해 노인들의 치매 예방에 도움이 된다. 그래서 일부 노인복지관에서는 노인들의 치매 예방과 반찬을 해결해주기 위해서 노인요리교실을 운영하는 곳도 등장하였다. 최근에는 가정에서도 남성이 요리하는 경우도 많아지고 있어 매우 바람직하다.

6. 사회의 진정한 약자 할머니

고령화 사회의 두드러지는 특성으로 여성의 평균수명이 늘어남에 따라 여성 노인의 절대적인 수가 증가하는 동시에 혼자 가구를 꾸려나가는 여성도 증가하고 있다. 이렇게 평균수명이 늘어난 만큼 여성이 노인으로 혼자 살아가는 시간 또한 길어졌다. 평균수명이 남성보다 5년 이상 더 긴 여성이 3~4년 연상의 남자와 혼인하는 것이 보통이기 때문에 노년기에 10년 이상은 남편 없이 혼자 살게 되는 경우가 많을 수밖에 없다. 문제는 살면서 여성이 남성에 비하여 받았던 여러 가지 차별과 불이익이 노년이 되면서 더욱 커질 수밖에 없게 된다는 것이다.

예를 들면 상대적으로 여성은 교육의 기회를 많이 갖지 못했으며, 남자에 비해 불리한 취업 여건, 남성은 은퇴 후 연금 혜택이 있지만 여성은 없는 경우도 있다. 또한 여성은 남성에 비해 사회적 관계와 도움이 상대적으로 적은 편이며, 남성에 비해 은퇴의 경험을 크게 받지 않고 남성과 다르게 노년 생활을 경험한다. 또한 아직까지 우리사회는 전통적인 유교사상의 영향으로 남성과 여성에 다른 가치관을 가지고 있어 홀로 된 남성 노인에 비해 홀로 된 여성 노인에 대한 편견이 많다. 그리고 가족 내에서의 역할, 경제적 능력, 성에 대한 태도, 그리고 노화 과정에 있어서도 다르게 행동하기를 기대한다.

뿐만 아니라 남성들보다 오래 살게 됨에 따라 신체적으로도 남성들보다 질병이나 아픔을 더 많이 갖고 살게 된다. 실제로 병에 걸리는 비율을 보면 노인성 만성 질환인 관절염, 신경통, 골다공증, 중풍 등으로 시달리는 여성 노인이 남성보다 15% 이상 더 많으며, 치매 유병률이 남성보다 훨씬 높게 나타났다. 그리고 65세 이상의 남성 중 86.3%는 배우자가 있는데, 여성은 34.5%만이 유배우자이므로 여성 노인은 남성 노인보다 독거노인이 많다.

여성 노인들은 자신을 위해 노후대책도 마련하지 못한 세대이며 젊은 시절 기본생활을 유지하는 데 급급했던 세대이기 때문에 여가생활을 즐기는 노인들은 소수이다. 특히 여성 노인들은 낮은 학력 수준과 가정 내에서의 역할만이 강조되어 남성 노인에 비해 사회 활동량이 적으며 사회관계망도 제한되어 있어 남성보다 고독, 우울감을 더 심각하게 경험하고, 그래서 생활의 만족도 면에서도 여성 노인이 남성 노인에 비해 더 낮고, 여성 노인의 우울 정도가 더 심한 것으로 나타났다.

따라서 여성 노인들은 남성 노인들보다 더 많은 경제적, 정서적, 사회적, 신체적 문제를 갖고 있다고 볼 수 있으므로, 여성 노인들만이 겪는 상황이나 어려움을 '노인문제'라는 보편적 틀로써만 이해하기에는 여성 노인이 지니고 있는 특수성이 심각하다고 할 수 있다.

결국 여성은 남성보다 훨씬 오래 살지만 가난하고 외롭고 병든 노인으로 불쌍하게 살다가 세상을 떠난다. 따라서 늘어난 여성의 평균수명과 증가한 여성 사회활동을 고려할 때 여성의 노후 또한 각별한 준비가 필요한 것으로 보인다. 따라서 무엇보다 가난하고 외로운 노인으로 불쌍하게 살아가는 할머니들이 조금이라도 편하게 살다가 세상을 떠날 수 있게 하는 정책에 비중을 두어 정부의 투자가 제공되어야 한다. 그리고 여성들은 자신의 인생 후기 의료비용의 과다를 피하기 위하여 젊을 때부터 건강한 생활양식과 함께 노후를 준비하는 것이 바람직하다.

7. 노인에게 생기는 심리적 좌절

우리나라의 자살률은 1998년 외환위기 당시 자살자가 급증했고, 이후 다소 감소하다 시기적으로 카드대란과 겹치는 2002년 전후부터 다시 증가세로 돌아섰다. 이후 지금까지 계속 증가하고 있어 OECD국가 중에서 가장 자살률이 높은 국가란 오명을 가지고 있다. 하루 평균 약 40명이 자살로 삶을 마감하는 '자살공화국'이라 해도 과언이 아니다. 정신과 전문의들은 노인들의 자살률이 증가하는 것에 대해 여러 신체적인 질환과 함께 심리적인 불안, 외로움 등 때문에 겪게 되는 노인 우울증과 관계가 많을 것으로 추정하고 있다.

1) 노인 우울증

통계적으로 보면 노인 우울증은 65세 이상 노인 인구의 5~10% 정도가 앓고 있을 정도로 흔한 질환이다. 노인 우울증의 원인은 정신적으로 기분이 가라앉거나, 절망감, 우울감, 무력감 등을 느낄 뿐만 아니라 신체적으로 수면 장애, 두통, 복통, 식욕 감퇴 등의 신체적 증상이 동반되는 경우가 많다. 또한 환경적으로 자녀의 결혼과 이사, 사망 그리고 주변 친인척이나 친구들의 사망 등의 관계 변화 때문에도 증상이 심해질 수 있다.

노인 우울증의 증상은 노인이라면 누구나 조금씩은 가지고 있으며, 게다가 핵가족화로 노인 부부만 살거나 혼자 사는 노인도 많아 방치될 가능성이 더 커진다는 문제점이 있다. 노인 우울증은 발견이 어려운데 이유는 나이가 들수록 말수가 적거나 원래 그렇다는 생각이 들기 때문에 주변에서 신중하게 지켜보지 않고는 발견하기 어렵다. 특히 다른 신체적 질환이 있는 경우 우울증을 발견하기는 더욱 어려워져 주변 사람들은 물론 스스로도 알아차리기 힘들기 때문에 더 큰 문제가 될 수 있다.

노인 우울증을 발견하는 방법은 평소와 다르게 기억력에 장애가 있거나, 심한 분노감이나 절망감, 외로움 등의 감정 이상 등을 보이거나, 이유 없이 불면증, 식욕부진, 복통, 두통 등을 호소하면서 활동력이 떨어질 때면 우울증의 가능성을 생각해볼 수 있다. 특히 가족 가운데 우울증, 고혈압, 뇌졸중 등을 앓았던 사람이 있어서 본인이 앓고 있는 경우나 폐경 뒤 갱년기 증상이 심한 여성, 노년기에 배우자가 사망한 경우 등은 노인 우울증 발생 가능성이 크므로 각별한 주의가 필요하다.

노인 우울증의 발생 정도는 개인이 가진 신체적 질병과 정년퇴직, 이별과 같은 생활사건, 가족이나 친구의 죽음, 재정적 문제, 교육 수준, 인격, 만성 질환 및 기능 상실의 정도 등이 영향을 미친다.

노인 우울증은 무엇보다 예방이 중요한데, 스스로 인생이 발전해 가는 과정이라는 긍정적이고 자신감이 넘치는 인생철학을 새롭고 바르게 확립하는 것이 중요하다. 그러나 본인이 인생철학을 바르게 확립하지 못했다면 주변인들의 도움이 필요하다. 평소에 노인이 우울하지 않도록 가족, 친척, 친구와의 관계가 돈독해지도록 하는 것이 매우 중요하며, 신경을 다른 곳에 쓸 수 있도록 일정한 취미활동을 배워 몰두하게 하거나 사회적으로 대외 활동을 하도록 권장하는 것도 매우 효과적이다.

특히 배우자나 자녀의 사별을 겪은 사람들은 우울증에 걸릴 위험도가 높다. 배우자나 자녀의 사별을 통해 생긴 노인의 우울증은 수일 동안은 매우 흔하지만 대부분 시간이 지날수록 우울증상이 서서히 감소한다. 그러나 이러한 증상이 2주 이상 계속되면 우울증을 의심할 수 있는 만큼 전문의의 진료를 받아야 한다.

신체 질환을 가지고 있어서 거동이 불편한 노인은 통증이 생기지 않도록 지병 관리를 더욱 열심히 해야 한다. 통증을 수반한 지병은 노인에게 더욱 큰 우울증을 가져오기 때문이다. 통증을 잊기 위하여 음주를 하기도 하는데 술에 들어 있는 알코올이 분해되는 과정에서 생기는 산물이 우울한 마음을 더욱 유발할 수 있으므로 과도한 음주는 피하는 것이 좋다.

노인 우울증도 일반적인 우울증과 같이 치료에 잘 반응해 70~80%는 좋아지나, 치료를 중단하면 1년 뒤에는 세 명 가운데 한 명이, 5년 뒤에는 네 명 가운데 세 명이 재발할 정도로 재발률이 높다. 노인 우울증은 일단 치료됐다고 하더라도 재발이 매우 쉬우며, 젊은 사람들의 우울증보다 자살 기도의 가능성과 성공 가능성이 더 크다는 점이 특징이다.

2) 노인 증후군

요즘 노인 증후군을 앓고 있는 사람들이 증가하고 있다. 노인 증후군이라는 것은 아무 이유도 없이 자신이 나이가 먹었다는 생각에 입맛이 없다고 한다거나 어지럽다든지, 신체적으로 자꾸 노화 현상이 생긴다고 생각하여 모든 일에 의욕이 없고 우울증에 빠지는 현상을 말한다. 의학적으로 검사를 아무리 해봐도 뚜렷한 원인을 찾지 못하는 경우가 대부분이다. 노인 증후군은 기존의 질병 진단 기준으로는 설명할 수 없는 증상들을 가리키는 의학 용어다. 원래는 연로한 어르신들에게 흔하게 나타나는 현상이었지만 요즘에는 예전에 비하여 월등하게 신체적으로 건강이 떨어지거나 차이를 인식하는 사람들에게 나타나는 증후군이다. 특히 건강 이상이 찾아와 여러 질환이 생기고 신체적으로 기능이 저하될 때 다양한 요인들이 서로 복합적으로 작용하여 나타난다.

문제는 노인 증후군을 앓게 되면 사는 게 재미가 없으며, 모든 의욕이 사라져 무기력해져 일상생활을 영위해나가는데 어려움을 겪게 된다는 것이다. 노인 증후군은 심리학적으로 시작한 것이지만 신체적으로 실신 또는 현기증, 식욕감퇴, 체중감소, 노쇠, 요실금, 근력감퇴 등이 나타나기도 한다. 더욱 큰 문제는 이러한 노인 증후군에 깊게 빠질수록 스스로 자신이 움직이기 어렵다고 인정하면서 몸져눕거나 가족이나 타인의 도움을 받아야만 생활이 가능하게 되고, 심한 경우 사망할 위험도 따른다는 사실이다.

3) 노인 명절 증후군

노인 증후군과 함께 더욱 증가하고 있는 것이 노인 명절 증후군이다. 노인 명절 증후군은 명절이 끝나면 자연스럽게 자식들이 없는 빈자리로 인해서 갑자기 외롭다는 생각이 드는 증후군을 말한다. 노인 명절 증후군은 자녀와 함께 살던 노인 부부들에게는 별로 나타나지 않고 노인 부부끼리만 사는 경우나 독신으로 사는 경우일수록 심하다. 명절날이 되어 오랜만에 자녀, 손주까지 있던 시끌벅적한 자리가 이어지다 다들 집으로 가면 공허감이 생긴다. 이러한 공허감은 원래 하루 이틀로 끝나지만 그 공허함이 2주 이상 계속 될 경우, 평소보다 소화도 잘 되지 않고 두통을 호소한다면 우울증을 의심해봐야 한다.

노인 명절 증후군을 예방하기 위해서는 명절이 지나고 난 다음에 돌아가서 부모님에게 보다 전화를 자주 해서 늘 자식들이 가까이 있다는 것을 알려주는 것도 좋은 방법이다. 전화 한 통 드리는 작은 관심이 부모님에겐 병을 막는 큰 힘이 될 수 있다.

8. 증가하는 고독사

고독사란 누구도 봐주지 않는 상태에서 홀로 죽는 것을 말한다. 연로한 독거노인들의 경우 만성 질환을 지니고 있는 경우가 많기 때문에 갑자기 고독사를 하는 경우가 많다. 특히 급속한 고령화가 진행 중인 일본에서는 노인 인구의 30%가 고독사를 맞고 있기 때문에 고독사는 이제 더 이상 생소한 단어가 아니다. 이미 우리나라에서도 혼자 살다가 죽었지만 몇 달이 지나서야 사망한 것을 발견하는 일이 생겨나고 있다. 물론 이러한 노인들의 고독사가 가끔 언론을 통해 알려지기도 하지만 사실은 세상에 알려지지 않은 채 그대로 감춰지는 경우가 훨씬 더 많다. 고독사는 사회적인 무관심과 핵가족화, 도시화 등으로 인한 사회 안전망 부재로 숨진 노인을 제때 발견하지 못하고 있기 때문에 발생한다.

우리나라에서 고독사가 늘어나는 가장 큰 이유는 바로 독거노인들이 늘고 있기 때문이다. 통계청의 노인통계 자료를 보면 2016년에는 전체 노인 708만 명 가운데 18.9%인 134만 명이 독거노인으로 조사됐다. 독거노인은 2035년이면 전체 노인 1518만 명 가운데 19.8%인 300만 명에 이를 것으로 추산된다. 이러한 독거노인의 문제를 남의 일로만 미뤄두어서는 안 된다. 평균수명의 연장으로 인한 고령화로 우리 모두 언젠가 독거노인이 될 가능성에 노출돼 있기 때문에 어느 누구도 전적으로 예외라고 장담할 수는 없다.

독거노인의 증가는 결국 고독사하기 쉽고 이러한 현상은 산간 오지가 많은 일부 시·군에서만 발생하는 것이 아니라 도시에서도 발생한다. 고독사를 하는 노인들은 자주 연락을 주고받는 가족이 없을 뿐만 아니라 이웃들과도 활발한 교제가 없는 경우가 대부분이다. 따라서 응급한 상황에 처하게 되더라도 빠른 시간 안에 주위 사람들의 도움을 받기가 쉽지 않아 결국 혼자 쓸쓸히 죽음을 맞게 된다. 따라서 독거노인과 이들의 고독사 예방에 대한 정책적 배려가 시급한 실정이다. 문제는 정부가 독거노인을 보살피기 위한 각종 대책을 내놓고 있지만 고독사 하는 노인에 대한 통계조차 제대로 집계하지 못하고 있어 실효성 있는 대책이 나오기 어려운 실정이다. 앞으로 핵가족이 일상화되고 심지어는 부모를 찾지 않는 자녀들이 많을수록 고독사는 더욱 증가할 것으로 보인다. 한편 일본에서는 사망한 지 몇 달 만에 시체가 발견되는 현상 때문에 골머리를 앓고 있다. 고독사가 발생하게 되면 세입자들이 세 들어 살기를 꺼려하기 때문에 유족 측에 손해배상을 청구하기도 하고, 고독사한 노인의 유품을 정리하는 회사도 성업 중이다. 또한 고독사를 막기 위해 쓰레기나 가스, 수도 사용량을 확인하고 독거노인들의 안부를 확인하는 서비스업마저 생겨나는 실정이다. 1인 가정과 핵가족화, 고령사회로 인한 고독감을 극복하기 위한 대안주택 운동으로 콜렉티브 하우스(공동체주택)도 생겨나고 있다. 이제 머지않아 우리나라에서도 일본처럼 유품관리사가 유망 직업으로 자리를 잡게 될 것이다.

독거노인들의 고독사를 줄이기 위해서는 스스로 자신의 안전을 지킬 수 있도록 일상생활이나 건강관리에 필요한 교육을 제공해야 한다. 또한 주기적인 건강검진과 영양 및 운동, 그리고 상담서비스 등을 제공함으로써 건강이나 안전 등의 문제가 발생하기 전에 미리 예방하도록 해야 한다. 그리고 독거노인들의 안전을 위협하는 중요한 요인 중 하나는 이웃 주민들과의 단절이기 때문에 위험을 가장 빨리 발견하고 도움을 제공할 수 있는 이웃 주민들과의 교류를 할 수 있는 제도적인 장치가 필요하다.

다행스럽게도 정부는 정기적인 방문과 안부 전화 등을 통해 독거노인의 안전 유무를 확인하기 위해 2007년 6월부터 노인 돌봄 서비스를 실시하고 있다. 현재 정부에서는 독거노인 생활 관리사를 파견해 전국의 홀로 사는 노인을 보살피고 있다. 그러나 독거노인 생활 관리사 1명이 평균 22명의 노인을 담당하는 등 서비스 인력이 턱없이 부족하고 안전 확인 활동만으로는 독거노인들의 안전을 담보하기는 어렵다.

일부 지자체에서는 고독사를 해결하기 위해서 독거노인들에게 요구르트를 지속적으로 배달하여 요구르트가 없어지면 노인이 생존하고 있는 것으로 판단하고, 요구르트가 사라지지 않으면 건강을 확인하는 사업을 진행하고 있다. 이외에도 서울 서초구에서 시행하는 독거노인 원격보호시스템에 대해서 주목해볼 만하다.

서초구에서는 2007년부터 독거노인들의 위급상황을 실시간으로 체크해주는 '독거노인 원격보호시스템'을 국내 최초로 실시하고 있다. 독거노인 원격보호시스템은 독거노인의 건강이나 위급상황 등을 24시간 실시간으로 파악해 구청 CCTV 종합 상황센터에 통보한다. 이 시스템은 독거노인 거소의 여러 동선에 설치된 첨단 센서들이 노인의 움직임과 온도 · 습도 · 유독 가스 · 화재 등을 감지, 비상 상황이 발생하면 구청 상황 모니터링에 접수돼 즉시 적절한 대응 조치가 취해진다. 동시에 비상 출동 대기 상태의 소방서와 경찰서에도 실시간 자동 통보된다.

서초구처럼 언제 어디서나 자유롭게 통신망에 접근할 수 있는 유비쿼터스 기술과 병원에 직접 가지 않고도 온라인으로 건강을 진단하고 치료를 받을 수 있는 원격의료서비스를 유 헬스케어(U-Healthcare)라고 한다. 유 헬스케어는 기술의 발달에 따라 점차 다양화되고 있으며 시장 규모도 점차 확대되고 있다. 더욱이 현재 10명 중 8명이 휴대전화를 가지고 다니고 있고, 점차 스마트폰으로 바뀌어가는 상황에서 유 헬스케어는 더욱 진화할 것으로 예측할 수 있다. 스마트폰을 이용하여 자신의 몸에 부착한 센서를 통해 생체 정보(뇌파, 심전도, 호흡수, 체온, 맥박 수, 혈압, 산소 포화도, 혈당, 근전도 등)를 수집하고, 수집한 정보를 스마트폰을 이용하여 서비스 서버에 전송하여 관리 주치의나 환자 및 환자의 가족들이 전송된 정보를 실시간으로 볼 수 있는 서비스가 진행되고 있다.

앞으로 스마트폰을 통해서 소외된 노약자들의 건강상태를 언제 어디서나 실시간으로 체크하여 진단 및 처방을 할 수 있으며, 필요에 따라 응급상황 시 119 안전센터 등에 연락하여 응급조치의 효율성을 높일 수 있게 된다. 이로 인해 진료에 따른 소요비용(진료비, 교통비 등)이 감소하고 사회에서 소외된 노약자들을 관심 있게 관리할 수 있어 복지사회 실현에 중요한 방편이 될 것으로 예상하고 있다. 따라서 이러한 시대를 하루 빨리 구현하기 위해서는 독거노인들에게 스마트폰을 지급하여 사용 방법들을 알려주는 것도 고독사를 줄이는 중요한 방법이 될 수 있다.

9. 늘어나는 노인 자살률

고독사와 함께 늘어나는 것이 노인 자살률이다. 우리나라는 이미 OECD 국가들 중에서 자살률이 높은 나라라는 오명을 가지고 있다. 문제는 노인 자살이 전체 자살의 25% 이상을 차지하고 있으며, 해가 지날수록 늘고 있다는 것이다. 실제로 지난 10년 사이에 노인 자살이 3배나 늘었고 65세 이상 자살률이 65세 미만 자살률보다 4배가 높은 것으로 나타났다.

2017년 통계청 자료를 보면 노인 자살의 가장 큰 이유는 경제적 어려움(40.4%)을 가장 많이 꼽았고, 건강(24.4%), 외로움(13.3%), 부부·자녀·친구와의 갈등 및 단절(11.5%), 배우자·친구 등의 사망(5.4%)순으로 조사되었다. 노인 자살의 가장 중요한 요인은 정신이나 신체적인 건강이 38.4%로 가장 많고 다음으로는 경제적인 어려움으로 나타나 노후대책의 중요성을 새삼 바라보게 한다.

앞으로 수명이 더욱 연장될수록 오래 살기 때문에 지금의 자살 원인 중에서 질환과 장애로 인한 건강 문제는 더욱 심각해질 것이고, 경제적으로도 더욱 어려움이 증가할 것이며, 자녀나 배우자들과의 결별도 더욱 증가한다고 본다면 노인 자살률은 더 증가할 것으로 예측된다. 노인 자살 이유를 성별로 보면 남성 노인의 경우 주로 노인이 되어 느끼는 우울증, 자녀와 외부와의 단절로 인한 고독, 배우자 상실로 인한 생활의 어려움 등 정서적인 이유로 자살하는 사람이 가장 많았다. 여성 노인의 경우는 자녀들이 부양을 해주지 않거나, 자녀들의 학대와 방임 등에서 오는 가족 문제가 제일 큰 원인이었다.

결국 노인 자살은 자신의 질환이나 장애가 생겨 생존하는 것이 고통스럽다고 생각하는 노인들이 극단적으로 선택하기도 하며, 핵가족화의 진행으로 노인층의 소외가 가속화됨에 따라 경제적으로 취약한 노인들이 소득 없이 자식에게 부담이 되기 싫다는 마음에 자기희생이라는 안타까운 결단을 내리게 되는 것이다. 사회경제적 상황의 급변이 노인들을 자살로 몰아간 셈이다. 고령화 사회로 인해 노인의 수가 늘어나는 상황에서 노인들의 극단적 선택을 방치해선 안 된다.

노인 자살률을 줄이는 방법은 결국 노후에 나타나는 질환과 장애를 대비하기 위해서 건강관리가 절대적으로 필요하며, 경제적인 어려움이 생기지 않도록 준비해야 한다. 또한 친구와 자녀 또는 배우자와의 관계

형성을 지속적으로 하여 외로움을 극복할 수 있는 방법을 강구해야 한다. 노후에 나타나는 질환과 장애는 의료비가 풍족하면 과학기술의 발달에 따라 어느 정도는 해결할 수 있다. 노인 질환과 장애는 만성 질환으로 발전할 가망성이 크고 노후자금을 가장 많이 사용해야 하는 원인이 된다. 특히 노후에 증가하는 의료비는 노후를 불안하게 할 수 있다. 따라서 상대적으로 젊고 건강할 때 노인 질환과 장애를 보장받을 수 있는 보장성 보험을 준비해야 한다. 그리고 경제적으로 풍족한 삶을 위해서는 국민연금이나 개인연금을 기본으로 하고 주택, 주식, 채권, 예·적금 등을 계획적으로 관리해야 한다.

외로움과 가정불화는 결국 부모가 자녀들에게 기대려는 마음에서 시작되기 때문에 자녀들이 출가함과 동시에 자녀들에게 기대지 않고 부부간에 인생을 즐길 수 있는 취미생활을 만들고, 자주 함께할 수 있는 친구들을 만드는 것이 좋다. 친구들이 많을수록 같이할 수 있는 시간이 증가함에 따라 외로움은 줄어들 수밖에 없고 가정불화가 생길 요인이 현저하게 줄어들어 노인 자살률을 줄일 수 있게 된다. 노인 자살문제를 줄이려면 국가, 기업, 단체, 가족이 서로 협력하여 자살예방 사업을 적극 추진해야 한다.

10. 불청객 황혼이혼

은퇴 남편 증후군이 심해지면서 단순히 주부들의 건강문제에서 그치는 것이 아니라 황혼이혼으로 인한 가족 해체로까지 이어지고 있다. 20여 년 전 일본에서 일기 시작한 황혼이혼 바람이 우리 사회에도 거세게 불고 있다. 황혼이혼이란 '노년기에 하는 이혼'을 말한다. 이를 협의의 의미로 보면 60~70대 이후의 이혼을 말하지만, 광의의 의미로 본다면 자녀들이 출가하였거나 대학생이 되어 독립할 수 있게 된 후의 이혼을 포함한다고 볼 수 있다. 황혼이혼은 자식이 대학에 입학하면 이혼을 요구한다 해서 '대입이혼'이라고 하기도 한다.

노인들의 이혼문제는 이제 사회문제로 확대되어 여러 가지 갈등을 촉발하고 있으며, '다 늙어서 무슨 이혼이냐, 그냥 살지' 하는 곱지 않은 시선에도 불구하고 이런 황혼이혼의 추세는 꾸준히 증가하고 있다. 유교적 가치관이 뿌리박혀 있는 우리 사회의 인습에 젖어 있던 노인들의 인식이 이제는 조금씩 자신의 진정한 삶과 행복을 찾으려는 도전으로 전환되고 있는 것이다. 노년기에 무엇보다 중요한 것은 부부가 함께 해로하며 서로 간의 매일 쌓아 가는 감정적인 유대이다.

서울시가 2016년 발간한 '통계로 본 서울 혼인·이혼 및 가치관'의 자료에 의하면 황혼이혼은 늘어나는 반면에 결혼 초기이혼은 감소하고 있다. 특히 60대 이상 황혼이혼 상담 건수는 계속 늘어나는 추세며, 실제로 10년 전보다 2배 이상 증가하고 있다.

황혼이혼을 한 여성들의 특징을 보면, 첫째, 연령대가 주로 50대에서 60대 이상이고, 둘째, 자녀가 대부분 결혼하여 독립한 후이며, 셋째, 황혼이혼의 원인으로는 부부 갈등이 오랫동안 진행되거나 여성이 가정으로부터 독립하여 자유를 느끼려는 의지가 많았다는 점이다.

한평생을 같이하기로 한 부부가 황혼에 이혼하는 것을 보는 시각에는 긍정적인 시각과 부정적인 시각으로 나누어 볼 수 있다. 긍정적인 시각은 황혼이혼을 통해 부부갈등을 해소하고, 각자 자신이 원하는 합리적이고 행복한 삶을 추구함으로써 사회적인 안정을 유지한다는 입장이다. 다만 이혼으로 인한 문제들을 최소화 할 수 있도록 국가와 사회가 정책을 모색해야 한다고 보고 있다. 반면 부정적인 시각은 황혼이혼을 통한 부부해체 후의 삶이 새로운 문제를 일으키므로 가능한 한 참고 살아야한다는 입장이다. 이러한 두 가지 시각들 중 어떤 것이 더 옳고 그른지에 대해서는 결론을 내릴 수 없다.

대부분의 황혼이혼 사례를 살펴보면 아내가 더 이상의 가정생활을 견디지 못하고 이혼을 요구하는 경우가 많다. 정년 후 이혼의 증가와 관련, 전문가들은 '여권신장'을 주 원인으로 꼽는다. 남자들의 전통적인 가부장적 사고방식과 이제는 자신의 권익을 찾겠다는 여자들의 주장이 가정의 불화를 만들고 있다는 것이다.

지금의 50~70대 남자들은 그들의 아버지와 할아버지에게서 남자의 역할을 배웠다. 그들은 남편과 아버지가 존경받는 철저한 가부장제하에서 남존여비사상이 몸에 밴 사람들이다. 남자들은 자신이 배운 역할에 충실했을 뿐이다. 반면 여성들은 그들의 어머니, 할머니가 살았던 방식대로 살지 않으려고 한다. 50~70대 여성들은 여권신장 시대에 여권을 주장하는 방법으로 이혼을 요구하는 것이다.

부부 간에 이심전심은 없어진 지 오래다. 30년을 살아도 부부가 나누는 대화란 기껏 가족으로서 필요한 것을 전달하는 정도에 불과하다. 여자는 친구에게는 연애, 실연, 결혼, 자식, 경제적 문제까지 속속들이 이야기하지만 남편에게는 그렇지 않다.

법원행정처의 2016년 사법연감에 의하면 우리나라 황혼이혼 건수는 2007년에 20%를 넘어선 뒤 2010년 23.8%, 2014년에는 28.7%로 증가하였다. 2012년부터는 황혼이혼(26.4%)이 신혼이혼(24.6%)보다 많아졌다. 2015년에는 32,626건으로 전체 이혼 부부 가운데 황혼이혼이 29.9%를 차지했다.

남녀의 이혼사유

- 남성의 잘못으로 이혼을 한 경우에는 단연 외도로 인한 가정소홀이 29.0%로 1순위를 차지하였다. 그다음으로는 경제력 부족, 권위주의 등이 있었다.
- 여성은 남편의 권위에 눌려 지내면서 자식들 때문에 참고 견디다 자식들이 성년이 되고 남편이 사회적인 권력을 잃게 되면 이혼을 요구하는 경우가 54.0%로 대부분을 차지하였다.

은퇴하고 남은 인생을 행복한 부부의 모습으로 살아가기 위해 노력할 수 있는 방법은 여러 가지가 있다. 노년의 부부는 상대의 자존심을 상하게 하지 않도록 조심하고 서로를 격려하고 인정해줌으로써 관계를 유지시킬 수 있다. 서로가 서로에게 필요한 존재로서 아낌없이 애정을 주고받으며 공동의 관심사를 만들어 같이하고, 화제거리가 고갈되지 않도록 관계를 키워가는 일이 중요하다. 특히 퇴직한 배우자가 긍정적인 자아감(self-concept)을 가지도록 격려하고 지지해줄 때, 노년기 부부생활 만족도가 증대될 수 있다.

남편과 아내는 서로에게 요구할 것이 있으면 확실하고 분명하게 말해야 한다. 한편 종종 손님을 집으로 초대하는 것도 분위기 전환에 도움이 된다. 손님을 맞이하려면 부부가 깔끔하게 차려 입고, 젊은 모습을 유지하려 애쓰기 때문이다.

11. 황혼이혼을 줄이는 네 가지 보약

통계청의 2015년 이혼통계 자료를 보면 인생을 살면서 부부가 이혼하는 사유를 보면 남성의 외도로 인한 가정 소홀이 29.0%로 1순위를 차지하였다. 그다음으로는 경제력 부족, 권위주의 등이었다. 그러나 남성이 실직을 하고 나서의 이혼 사유를 보면 남성의 외도보다는 경제력 상실과 실직이 54.0%로 대부분을 차지하였다. 부부가 사는 데 경제력과 권위의 상실이 얼마나 중요한가를 알게 해주는 대목이다. 그렇다면 은퇴하고 남은여생을 행복하게 부부로 같이 살려면 어찌해야 할까? 노년기에 행복한 부부의 모습으로 살아가기 위해 노력할 수 있는 방법은 아래와 같다.

1) 상대방 배려

상대방을 배려하는 것이다. 부부는 서로 편한 생활을 할 수 있도록 배려해주어야 한다. 즉 부부가 서로 무엇을 원하고 무엇을 싫어하는지를 알아서 원하는 것을 해주고 싫어하는 것을 하지 않는 방법이다. 예를 들어 아내가 친구들과 자주 만나고 싶어 하면 남편은 이를 이해해주고 간섭하지 않는 것이다. 또한 아내가 참고 있는 일이 있다면 그것을 찾아서 해결해 주는 것이다. 여성들은 실제로 경제적 약자였기 때문에 불만이 있지만 그냥 참고 지냈을 뿐이다. 그러나 남편이 퇴직하면 하고 싶은 말이나 행동을 거침없이 하게 된다. 심지어는 각방을 쓰고 싶어 하기도 한다.

2) 상대방 인정

상대방을 인정해주어야 한다. 퇴직한 부부는 상대의 자존심을 상하게 하지 않도록 조심하고 서로를 인정해주어야 한다. 즉 부부는 한편의 필요에 의해서 종속되는 것이 아니라 서로가 필요한 존재라는 생각을 가져야 한다. 이에 따라 서로 필요한 존재가 되기 위해서는 부부로서 아낌없이 애정을 주고받으며 공동의 관심사를 만들어야 한다. 공동의 관심사를 만들기 위해서는 같이할 수 있는 취미를 만들거나, 대화거리가 고갈되지 않도록 노력해야 한다. 예를 들어 부부가 등산을 하게 되면 자연스럽게 등산에 관련된 대화거리가 생기고 같이할 수 있는 공동의 관심사가 생긴다. 공동의 관심사가 생기면 상대방을 이해하고 인정하는 마음을 갖게 된다.

3) 상대방 격려

상대방을 격려해준다. 특히 퇴직한 배우자가 긍정적인 자아정체성을 가지도록 격려하고 지지해줄 때 남은 인생이나 부부 관계에 대한 만족감이 높은 것으로 나타났다. 즉 퇴직한 남편에게 그동안 일하면서 수고한 부분들을 격려해주면 자신이 지금까지 한 일이 가족을 위해서 중요한 일이었다는 자족감을 가질 수 있다. 이러한 자족감은 가정 내에서 남성의 역할을 다시 강조하는 기회가 되고, 자신감을 갖고 살 수 있도록 해준다.

4) 자신의 요구 표현

자신의 요구를 표현한다. 남편과 아내는 서로를 잘 아는 것 같으면서도 모르는 게 많다. 부부 관계 문제는 큰 것보다 작은 것에서 시작되는 경우가 많다. 따라서 황혼이혼을 줄이는 방법으로 서로에게 요구할 것이 있으면 분명하게 말해야 한다. '상대방이 알아주겠지'라고 생각해서 알아줄 때까지 기다리기만 해서는 오히려 관계를 악화시킨다. 따라서 자신의 생각이나 요구 사항을 표현하는 습관을 길러야 한다.

5) 각방 사용

각방을 사용하는 것도 좋은 방법일 수 있다. 아내들은 남편의 코고는 소리를 싫어한다. 게다가 밤늦게까지 책을 볼 수도 있고, 밤새 자유롭게 뒤척일 수도 있다. 침실을 함께 쓰는 것은 상당한 스트레스를 가져올 수 있다. 각방 사용은 생각보다 훨씬 안락하고 많은 즐거움을 주기도 한다.

12. 좋은 친구 만드는 법

직장인들은 직장에 다 걸기 때문에 업무와 관련된 동료나 선후배들이 인간관계의 전부가 될 수 있다. 그러나 직장을 떠나게 되면 일과 연관되어 있던 사람들을 사적인 관계로 만나기는 쉽지가 않다. 더욱이 은퇴하고 나서는 어쩌다 만남은 가질 수 있지만 지속적인 만남을 유지하기는 어렵다. 내가 논다고 해서 직장을 다니고 있는 친구나 후배들이 시간적으로 여유가 있는 것이 아니기 때문에 그들만을 바라봐서는 외롭기만 하다. 따라서 은퇴를 하고 나면 정서적인 유대감이나 취미를 같이 나눌 친구가 별로 없다.

옛말에 '친구가 많을수록 장수한다'라는 말이 있듯 무료하고 답답한 시간을 보내는 데 가장 효율적인 것이 바로 친구를 만드는 일이다. 친구를 만드는 가장 좋은 방법은 가까운 복지관이나 문화센터 같은 곳에서 또래들이 많이 듣는 교육을 받는 것이다. 목적이 같고 공부하는 사람들의 생각은 건전하기 때문에 친구도 쉽게 사귈 수 있을 뿐더러 배우는 것이 취미가 되어서 동아리도 형성되어 잦은 만남이 이루어질 수 있고 인간관계를 잘 유지할 수 있다.

1) 모든 비용 각자 지불하기

직장을 다닐 때는 여유 있는 사람이 밥도 사고 술을 사기도 한다. 그러나 은퇴하고 나서는 모두 경제적 상황이 좋지 못하기 때문에 선뜻 밥을 사고 술을 사기는 어렵다. 좋은 친구들을 많이 만나고 싶다면 베푸는 일에 인색해서는 안 된다. 현재의 내 경제여건이 어렵지 않다면 자식들에게 재산을 많이 물려주려고 아끼지 말고 자주 밥을 사거나 경비를 대는 일도 중요하다. 또한 과거에 도움을 주신 선배나 상사로 모셨던 분들을 자주 찾아가서 가끔씩 작은 성의라도 베풀 줄 알면 언제든지 환영을 받을 수 있다. 그러나 대부분의 사람들은 현실이 여의치 않아 친구를 만나는 것도 꺼려지는 경우가 많을 것이다. 체면 문화에 익숙한 우리나라 사람들(특히 남자)은 밥을 얻어먹는 것에 자존심 상해하거나 기분으로 한턱 쏘고 나서는 후유증에 시달리면서 점점 모임에 참가하는 횟수를 줄여간다.

따라서 인정 없이 느껴지더라도 지금부터 과감히 모든 비용은 각자 지불한다. 부담감 없이 만나는 관계가 지속성을 가질 수 있다는 것을 명심해야 할 것이다. 그리고 또 하나 항상 사람들을 만나서 얻어먹으려 하거나 혜택을 받기만 하려고 한다면 친구 사귀기는 어렵게 된다는 것을 명심해야 한다.

2) 말을 줄이기

옛말에 '말이 많으면 쓸 말이 적다'는 말이 있다. 은퇴하고 나서는 이 말처럼 꼭 할 말만 간단히 줄여서 하도록 노력해야 한다. 노년이 되면 말이 없던 사람도 자신에 대한 말을 하고 싶어 한다. 은퇴 후에 사람들을 만나 보면 주로 현직에 있을 때 자신의 지위나 했던 일들을 이야기하고 싶어 한다. 문제는 주변에 있는 사람들이 이런 말을 한두 번 들은

게 아니라는 점이다. 아무리 좋은 말이라도 자주 하면 가족도 싫어한다. 따라서 새로운 말이나 미래에 대한 이야기는 자주 해도 좋지만 과거 이야기, 특히 과거 지위에 대한 이야기는 다른 사람들에게 달갑지 않은 이야기라는 것을 염두에 두어야 한다. 남들에게 가장 만나고 싶은 사람이 되고 싶으면 남들이 이야기할 때 경청을 잘 해주고 거기에 대해서 긍정적인 반응을 보여주는 것이 좋다.

13. 노인 우울증을 극복하는 노하우

노인이 되면 우울증에 쉽게 빠질 수 있다. 우울증에 걸리면 의욕이 저하되고 좌절감이 깊어지며 신체적으로나 정신적으로 힘들어지는 경우가 많다. 심한 경우에는 인지 및 정신, 신체적 증상을 일으켜 일상 기능의 저하를 가져올 수 있다.

우울증은 평생 유병율이 15%, 특히 여자는 25%까지 이르며, 감정, 생각, 신체 상태, 그리고 행동 등에 변화를 일으키는 심각한 질환이다. 이것은 한 개인의 전반적인 삶에 영향을 준다. 우울증은 일시적인 우울감과는 다르며 개인적인 약함의 표현이거나 의지로 없앨 수 있는 것이 아니다. 상당수가 전문가의 도움을 받지 못하고 우울증으로 고생하는 경우가 많아 안타까운 질환이기도 하다.

더 큰 문제는 노인자살의 가장 큰 원인이 우울증이라는 것이다. '내가 이 나이에 더 살아서 뭐하나?'라는 생각들이 쌓여 우울증으로 발전되는 것이다. 핵가족 제도로 인한 가족 분화와 해체가 노인들은 외로움을 많이 느낄 수밖에 없고, 경제적으로 힘들수록 더 깊은 우울증에 빠진다. 우울증을 해결하려면 당신이 갖고 있는 부정적인 생각을 그대로 받아들이지 말고 자신의 감정을 누군가에게 말하는 것이 훨씬 효과적이다. 따라서 우울증에 빠지면 전문가, 부모, 친척, 친구, 이웃, 성직자 등 자신이 편하다고 느끼는 누군가에게 최대한 도움을 구해야 한다. 특히 전문가의 적절한 치료를 받는다면 상당한 호전을 기대할 수 있고 이전의 정상적인 생활로 돌아가는 것이 가능하다.

우울증이 생기지 않게 예방하려면 우선 스스로 부정적인 생각을 하지 말아야 하며, 스트레스를 받지 말아야 한다. 부정적인 생각을 하면 모든 일에 흥미가 떨어지고, 자신을 무가치한 사람으로 여기게 된다. 스트레스가 쌓이면 기분이 우울하고 몸도 아파 모든 것이 귀찮아지고 우울증에 빠지게 된다.

14. 갈등관리

1) 갈등이란 무엇인가

葛(칡나무 갈) + 藤(등나무 등), 칡나무는 반시계 방향으로 감고 올라가는 성질이 있는데 반해 등나무는 시계 방향으로 감고 올라가는 성질이 있다.

그러므로 같은 곳을 오르기 위해서는 수없이 부딪히게 된다. 이처럼 갈등이란 인간관계에서 복잡하게 뒤얽혀 풀기 어려운 상태 혹은 내면의 상충되는 문제로 고민하는 상태를 말한다.

개인이나 집단 간 대립, 의견 불일치, 의견 충돌이 생겨 불편한 상태와 사람 관계 속에서 목표의식, 가치의 상승으로 인한 강한 불일치 등에 나타난다.

갈등은 사전에 예방하는 것이 가장 좋다. 실제로 갈등을 표출한다면 상대방의 감정 · 명예 · 체면을 상하게 할 수 있으므로 신중하게 대처하는 자세가 필요하다.

갈등은 남녀노소, 동료, 선후임 등 다양한 상대와 생길 수 있다.

특히 은퇴 이후에는 가족간, 부부간, 세대간 많은 갈등이 생길 수 있다.

이에 충분한 준비와 본인의 긍정적 태도로 지혜로운 대처가 필요하다.

2) 갈등 관리 유형

갈등 관리 유형에는 다음과 같은 것이 있다.

① **회피형** - 나와 상대방이 동시에 지는 방법
② **경쟁형** - 내가 이기고 상대방은 지는 방법
③ **수용형** - 내가 지고 상대방이 이기는 방법
④ **타협형** - 나와 상대방이 중간에서 타협하는 방법
⑤ **통합형** - 나와 상대방이 동시에 이기는 방법

3) 갈등의 성공적 관리방법

갈등을 성공적으로 관리하기 위해서는 부정적 사고방식은 탈피하고 긍정적으로 자신의 사고방식을 점검하여 갈등의 원인을 없애야 한다. 상대방을 이해하고 배려하는 역지사지 정신으로 생각의 전환이 필요하다.

갈등은 서로의 욕구가 다를 때 생긴다. 갈등이 생기면 내가 원하는 것과 상대방이 원하는 것이 무엇인지를 살펴 상호 해결하려는 노력이 필요하다.

4) 갈등 관리절차

① 충실한 사전준비로 긍정적 접근.
② 상호 상대방을 인정.
③ 상대방의 기준에 동의하기.
④ 다양한 해결책 생각하기.
⑤ 최종해결책으로 선택하여 실행할 것 동의.

5) 갈등예방 기본 원칙

갈등은 예방이 더 중요하다.

다음의 원칙은 실행하면 갈등을 미연에 방지할 수 있다.

① 서로 상대방 의견 차이 인정하기.
② 상대방 입장 이해하고 받아들이기.
③ 대화를 통해 해결하려는 의지.
④ 의견이 다른 이유를 찾아보기.
⑤ 본인의 의견과 생각을 명확히 말하기.

제5장

여가생활과 변화관리

은퇴 후 노년기에는 일하지 않으면 하루하루 시간이 남아돈다. 이러한 시간을 효과적으로 활용하는 방법은 여가를 활용하는 방법이다. 그러나 현직에 있을 때도 여가를 즐기는 방법을 모른다면 은퇴 후에는 더욱 여가를 즐기기 어렵다. 따라서 은퇴 전에 은퇴 후 노년기의 여가를 준비해야 한다.

1. 여가의 정의와 실태

여가(leisure)의 어원은 원래 라틴어 licere(자유로운 것)에서 파생하였다. 여가의 사전적 의미는 자유로운 시간, 일이 없어 남는 시간, 취미활동 등 여러 의미로 사용하고 있다. 따라서 여가는 '남는 시간에 즐거움을 얻기 위한 자유로운 시간'을 말한다. 은퇴 후 일상생활은 모두 자유로운 시간이니 그 자체가 곧 여가생활인 셈이다. 따라서 노후생활은 여가생활이 전부라고 해도 과언이 아니다. 따라서 은퇴 후 여가활동이란 은퇴 후 남는 시간에 스스로 즐거움을 얻기 위해 하는 자유로운 활동(Free time)이라는 의미를 가지고 있다.

보건복지부의 2013년 '노후준비 지원정책의 필요성과 방향' 보고서를 보면 노인세대로 편입된 전후세대와 베이비붐 세대가 희망하는 노후생활 형태를 살펴보면 다음과 같다. 전후세대는 취미생활이 41.2%로 가장 높았으며, 소득 창출 20.6%, 자원봉사 14.6%, 종교활동이 10.9%로 나타났다. 베이비붐 세대는 취미생활 42.3%, 소득창출 18.8%, 자원봉사 16.8%, 종교활동이 9.1%로 나타났다. 현 노인세대에 비해 향후 노인으로 편입될 전후세대와 베이비붐 세대는 취미생활과 자원봉사활동을 희망하는 비율이 높은 특성을 나타냈다.

서울시가 2015년에 조사한 '서울시민 여가문화 생활 통계'에 따르면 서울에 거주하는 60세 이상 시민이 주말과 휴일에 가장 많이 하는 여가활동은 TV(DVD) 시청(55.9%), 종교활동(13.2%), 여행(7.7%), 휴식(7.7

%), 운동(5.4%), 문화예술관람(2.9%), 사회봉사활동(2.5%), 창작적 취미활동(2.4%), 운동 및 경기관람(1.3%) 순인 것으로 나타났다. 여기서 남성의 주된 여가활동은 TV(DVD) 시청 56.6%, 종교활동 9.4% 순이고, 여성은 TV(DVD) 시청 55.3%, 종교활동 16.5% 순으로 나타났다.

가장 희망하는 여가로는 TV(DVD) 시청 29.8%, 여행 27.7%, 종교활동 13.3% 순이었다. 남성은 TV(DVD) 시청 30.0%, 여행 27.6%, 종교활동 9.5% 순이고, 여성은 TV(DVD) 시청 29.6%, 여행 27.7%, 종교활동 16.6% 순으로 나타났다.

[단위 : %]

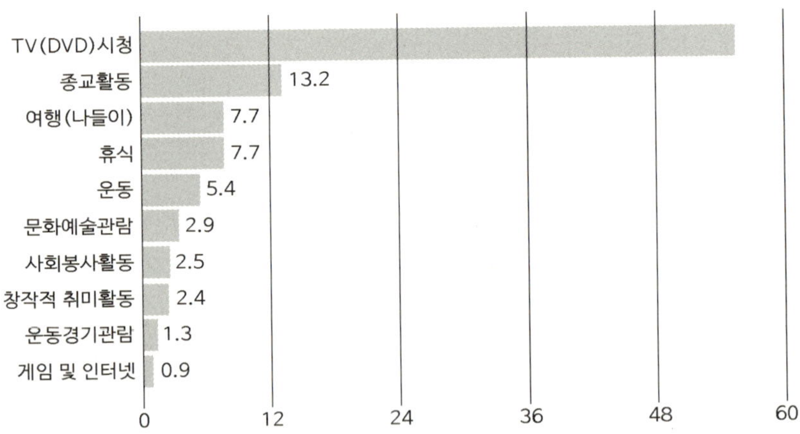

[그림 5-1] 서울시민 60세 이상 시민이 주말과 휴일 주로 하는 여가활동

출처 : 서울시(2015). 〈서울시민 여가문화 생활 통계〉.

다른 통계도 종합해보면 우리나라 65세 이상 노인의 여가활동을 보면 TV시청이 1위를 차지하고, 다음으로 수면, 가사, 사교, 가족과 함께 보낸다는 순으로 나타났다. 여행, 스포츠, 봉사활동 등으로 여가를 즐긴다는 응답자는 상대적으로 적게 나타났다. 그리고 노인들이 가장 많은 시간을 보내는 곳은 경로당이나 노인복지관으로 나타났다.

청주시에서 조사한 경로당에서 노인들이 보내는 여가활동은 오락(윷놀이, 화투 등)이 58%로 가장 많은 비중을 차지했고, TV시청은 15%, 스포츠 분야(게이트볼, 탁구, 헬스 등)는 23%, 교육 분야(컴퓨터, 한글 등)는 6%로 활동이 저조했다. 또한 희망하는 여가로 여행 39%, 취미생활 30%, 문화생활 12% 순으로 쉬면서 즐길 수 있는 활동을 선호했다.

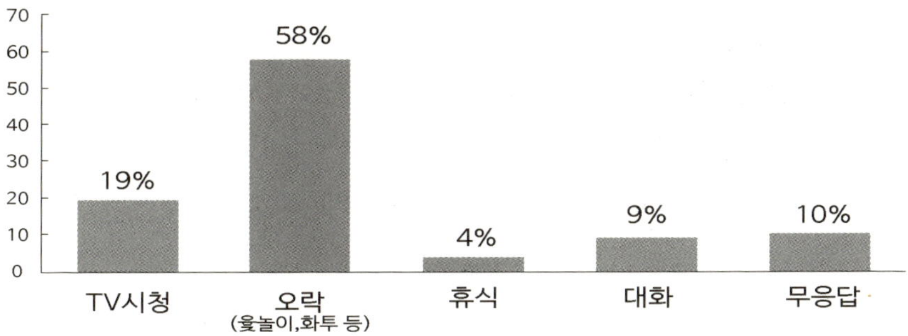

[그림 5-2] 경로당에서 주로 하는 여가활동

출처 : 청주시청(2017). 〈경로당에서 주로 하는 활동 통계 자료〉.

지금까지 나와 있는 한국 노인들의 여가활동 실태를 분석해보면 노인들의 가장 많이 하는 여가활동은 TV시청으로 나타났다. TV시청이 많은 이유는 학식과 건강에 관계없이 돈이 들지 않는 가장 절대적인 오락거리이기 때문이다. 노인은 젊은이에 비해 체력이 필요한 스포츠나 레크리에이션 활동 등의 참여율이 저조하고, TV나 오락으로 무료하게 보내는 시간이 더 많은 것으로 나타났다. 그리고 여가시간의 활용은 노인 개인의 처지에 따라 다르며 대개 어느 정도 의 돈을 소비할 수 있느냐의 재정 상태에 따라 다르게 나타난다. 또한 젊은이에 비해 노인들은 사회활동이나 봉사활동 등 함께 즐기는 여가활동에 소극적인 것으로 나타났다.

2. 행복한 노후를 위한 여가활동

1) 여가활동

노인은 일과 일 사이에서 휴식을 취하는 데 큰 비중을 두는 젊은 층과는 달리, 정년이라는 사회제도로 인해 평생 가졌던 직업에서 퇴직함으로써 노인들에게 기대되는 사회 활동과 역할들이 뚜렷이 정립되지 못한 채 길고 무료한 시간을 갖게 된다. 그러므로 노후생활은 '여가특성' 이라 할 수 있고, 무료한 시간을 어떻게 소일을 하며 보내느냐의 '시간보내기'에 더 비중이 있다.

은퇴 후 여가활동은 노년기의 생활 만족도나 삶의 행복감 등의 삶의 질을 추구하는 데 상당한 영향력을 미치고, 개인의 다양한 목적을 성취하게 하는 수단이 될 수 있기 때문에 궁극적으로는 노인들의 행복한 노후생활을 보내는 데 필수적이라고 할 수 있다. 실제로 노후의 여가활동은 사회적 역할 상실에 따른 고독감을 해소하고, 자기 존중과 자아정체성을 유지하며, 삶의 만족 등에 기여한다. 뿐만 아니라 노년기의 여가가 고독이나 소외감을 극복할 수 있는 방안이 될 수 있으며, 노년의 여가활동 요인들이 노인의 생활 만족도 및 심리적 안정감과 연결되어 결과적으로 행복한 노후의 생활하는 데 중요한 영향을 미친다.

은퇴 후를 행복하게 살기 위한 여가활동은 크게 다음의 일곱 가지로 나누어 볼 수 있다.

① 자원봉사형: 타인을 도우며 삶의 의미와 보람을 느끼는 여가활동으로 자원봉사활동, 도우미, 문해교육사, 관광해설사 등이 있다.

② 취미형: 스스로 좋아하는 여가활동을 선택하여 즐김으로써 성취감을 느끼는 여가활동으로 인터넷 활용, SNS 활용, 수집하기, 장기, 바둑, 화투, 사진, 그림 그리기, 당구, 포켓볼, 악기연주, 노래 부르기 등이 있다.

③ 학습형: 새로운 것을 배우며 행복감, 만족감을 느끼고 지적 학습을 할 수 있는 여가활동으로 평생교육기관에서 학습하기, 관심 있는 분야 공부하기, 외국어 학습 등이 있다.

④ 관계지향형: 가족관계 증진이나 친구와의 만남 등을 통한 사교적인 여가활동이다.

⑤ 건강관리형: 신체적 · 정신적 · 사회적 건강을 지키는 여가활동으로 운동, 골프, 탁구, 게이트볼, 자전거 타기, 마라톤, 걷기, 등산, 국

궁, 양궁, 스포츠댄스, 운동경기 관람 등이 있다.

⑥ 문화형: 문화적인 욕구를 해결하기 위해서 하는 여가활동으로 신문 · 책읽기, 영화나 텔레비전 시청 등이 있다.

⑦ 여행형: 국내나 해외를 여행하며 여가활동을 하는 것을 말한다.

노후에 행복한 여가생활을 위해서는 여가활동을 통하여 사회심리적인 욕구를 만족시킬 뿐만 아니라 심신 건강을 증진하고 자아정체감과 자기효능감을 유지하며 삶의 만족을 높일 수 있어야 한다.

2) 여가활동의 균형

동적 사교적 여가로 대표적인 것은 신체적 활동, 팀 스포츠가 해당된다. 동적 비사교적 여가는 신체적 활동이지만 혼자 하는 조깅, 체조, 등산 등이 있다.

정적 사교적 여가는 신체적 활동이 적은 그룹, 독서클럽이 대표적이다. 정적 비사교적 여가는 신체적 활동이 적고 스스로 즐기는 그림 그리기, 사진촬영 등이 해당된다.

3) 한국인의 여가

노년기 여가의 긍정적인 영향은 노인의 생활 만족도를 향상시키고 우울증 해소와 건강한 신체 활동을 이끈다는 것이다. 또 다양한 사회적 관계를 형성해 생산적이고 통합적인 생활을 유지하고 삶의 질을 높여 행복감을 유지할 수 있다. 2016년 문화체육관광부의 국민여가 활동조사에 의하면 60대 이상이 가장 많이 참여한 여가활동은 TV 시청으로 나타나고 있다.

[그림 5-3] 한국인의 여가

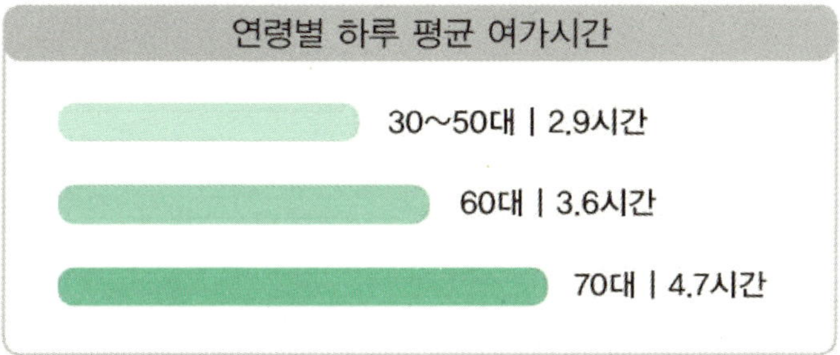

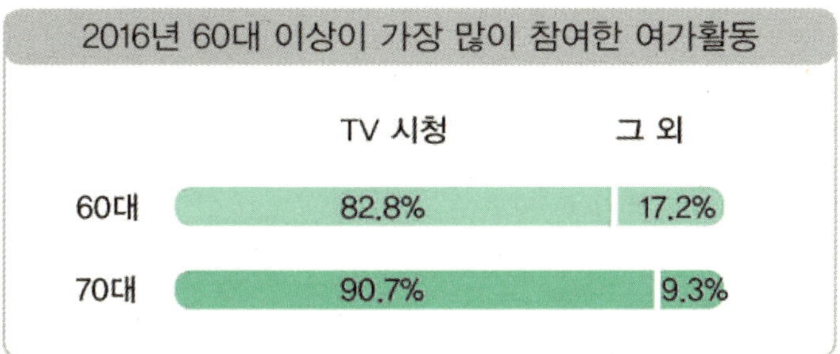

출처 : 문화체육관광부(2016), 〈국민여가활동조사〉

〈표 5-1〉 한국인의 추천여가

여가활동의 유형	
유 형	내 용
문화예술활동	• 교양 함양을 위해 문화예술 공연 등을 관람하거나 창작 등에 참여하는 활동(ex. 전시회 · 연주회 · 연극 · 영화관람, 글짓기 · 미술활동 · 악기연주 · 노래교실 참여 등)
스포츠활동	• 각종 스포츠 경기를 관람하거나 실제 참여하는 활동(ex. 농구 · 배구 · 야구 · 축구 · 테니스 · 탁구 · 볼링 · 스키 등의 관람 및 참여)
관광활동	• 즐거움을 목적으로 낯선 지역의 풍경 · 문물 등을 보거나 체험하는 활동(ex. 문화유적방문 · 삼림욕 · 캠핑 · 해외여행 · 온천욕 · 유람선 · 지역축제 등)
취미오락활동	• 전문성보다는 자신의 흥미에 중점을 두고 자유 시간에 즐기는 다양한 활동(ex. 수집 · 공예 · 요리 · 애완동물 · 인테리어 · 등산 · 낚시 · 바둑 · 쇼핑 · 독서 등)
휴식활동	• 피로해진 심신을 정상적인 상태로 회복하기 위하여 하는 기분전환 활동(ex. 산책 · 목욕 · 낮잠 · TV시청 · 라디오 · 청취 · 음악감상 · 신문보기 등)
사회 및 기타 활동	• 봉사활동, 친구만남 등 사회공헌이나 사교를 목적으로 하는 활동(ex. 사회봉사활동 · 종교활동 · 친지방문 · 잡담 · 계모임 · 동창회 · 동호회 등)

출처 : 문화체육관광부 (2016), 〈국민여가활동조사〉

3. 은퇴 후 여가활동 장소

현재 우리나라 노인들이 이용할 수 있는 여가 시설로는 경로당, 사회복지관, 노인복지관, 노인 휴양시설 등이 있고, 기타 종교단체나 사회단체 또는 노인단체에서 실시하는 여가프로그램과 노인을 소비자로 보는 기업에 의해서 제공되는 관광, 오락, 운동 프로그램 등이 있다.

1) 경로당

경로당은 가장 많고 노인들이 손쉽게 접근할 수 있는 여가활동 장소이다. 노인들을 위한 사랑방 개념으로 시작한 경로당은 노인을 위한 여가시설로 그 숫자가 날로 증가하고 있다. 현재 전국에 경로당은 5만개소가 있다. 이처럼 수많은 경로당들이 전국 각 동네마다 설치되어 있어 지역 노인들이 손쉽게 이용할 수 있으나 대부분의 경로당은 그 시설공간이 협소하고, 내부시설이 열악하여 심지어 화장실이 없는 곳도 있으며, 가건물 형태의 경로당도 있고, 운영 자금 또한 부족하여 지역 노인들의 여가 욕구를 충분히 채워주지 못하고 있다. 경로당 프로그램을 활성화하기 위해서는 지역 읍, 면, 동사무소, 보건소 및 보건지소, 그리고 지역 복지관 등이 연합하여 경로당을 이용하는 노인들에게 필요한 여가와 교육 서비스를 제공해야 할 것이다.

2) 노인학교

노인학교(노인대학)는 주로 노인단체, 종교기관, 또는 일반 사회단체에서 설립, 운영하고 있다. 노인학교의 설립 목적은 학습활동을 통하여 노인들이 건강 증진을 위한 폭넓은 지식을 가지고, 취미를 살려 여가를 즐겁게 보내는 데 있다. 또한 동년배 노인들과 친교를 유지하고, 정치, 경제, 사회, 문화 변화에 적응할 줄 알며, 생산적인 활동을 계속하여 사회 발전에 기여하고, 배우자나 자신의 죽음에 대한 준비를 할 수 있도록 하는 것이다.

노인학교는 현재 전국적으로 2000여 개가 개설되어 있으나 그 시설, 장소, 교육내용, 학습시간, 강사, 자원조달 등이 설립기관에 의해 결정되고 운영되기 때문에 정확한 숫자나 실태 파악이 어렵다. 또한 노인들이 노인학교 프로그램에 참여하려면 회비, 교통비, 식비 등 경비가 들기 때문에 저소득층 노인들에게는 재정적인 부담을 주고 있다

3) 노인복지회관, 노인종합복지관

노인복지회관이나 노인종합복지관은 노인복지법상 이용시설로 규정되어 있으며 지역사회 노인들에게 필요한 여가 프로그램을 포함한 제반 서비스를 무료 또는 저렴한 요금으로 제공하고 있다. 현재 전국에 200 개소의 노인복지(회)관이 있다. 각 노인복지(회)관에서는 재가노인을 위한 가정봉사원 파견 사업과 주간보호사업뿐만 아니라 노인취업교육 및 알선사업, 노인교육, 운동·오락 프로그램, 노인을 위한 자원봉사 프로그램, 노후생활에 관련된 다목적 프로그램을 개발하여 지역 노인

들에게 종합적인 서비스를 제공하고 있다.

이외에도 전국에 있는 360여 개의 사회복지관에서도 재가노인복지사업의 일환으로 여가활동 및 자원봉사 프로그램을 실시하고 있다.

4) 노인휴양시설

노인휴양시설은 1989년 개정된 노인복지법에 의하여 새로 규정된 노인여가 시설이며, 60세 이상 노인 및 동행인이 이용할 수 있다. 다만 이용인원이 정원에 미달될 때는 정원의 30% 범위 안에서 그 외의 사람도 이용할 수 있다. 노인휴양시설의 설립 목적은 노인의 심신 휴양을 위한 여가 시설, 위생시설, 기타 편의시설 등을 제공하는 데 있다. 이용 정원은 20인 이상이어야 하며, 객실은 10실 이상이어야 한다.

4. 인생을 행복하게 하는 자원봉사

은퇴 후 행복한 인생을 만드는 방법으로는 자원봉사활동이 있다. 자원봉사는 어떤 일을 대가 없이 자발적으로 참여하여 돕는 것을 말한다. 자원봉사에 임하는 사람은 다양한 형태로 보상을 얻는다. 예를 들어 보람이나 경험 등 정신적 보상이나 교통비나 식사비, 소정의 활동비 등을 제공받는 금전적 보상이 있을 수 있다.

은퇴자들에게 있어 자원봉사는 적극적인 사회 참여 계기가 되며, 무기력하고 의미 없는 삶에 활력을 줄 수 있고, 이로 인해 노인 자원의 적극적 활용 극대화를 이룰 수 있다.

노인복지법 제23조(노인 사회참여 지원)를 보면 "국가 또는 지방자치단체는 노인의 사회참여 확대를 위하여 노인의 지역봉사활동 기회를 넓히고 노인에게 적합한 직종의 개발과 그 보급을 위한 시책을 강구하며 근로능력이 있는 노인에게 일할 기회를 우선적으로 제공하도록 노력하여야 한다"라고 되어 있다. 또한 "국가 또는 지방자치단체는 노인의 지역봉사활동 및 취업 활성화를 위하여 노인 지역봉사기관, 노인 취업알선기관 등 노인복지관계기관에 대하여 필요한 지원을 할 수 있다."라고 되어 있다. 이에 따라 지방자치단체별로 지역에 맞는 자원봉사 프로그램을 개발하고 이에 따라 많은 수의 자원봉사자를 양성하여 활용하고 있다. 자원봉사가 노인 개인적 측면에서 중요한 이유를 보면 다음과 같다.

① 개인적 능력을 활용하게 되어 생활의 의의나 보람을 느끼게 된다.
② 여가를 건전하게 이용하여 개인의 발전을 도모할 수 있다.
③ 자원봉사자 간의 교류를 통하여 정보를 교환하고, 사회의식을 고취하여 봉사자 자신의 문제를 살펴보게 되어 자신의 문제 해결에 도움이 되게 한다.
④ 사회문제 해결에 참여하여 전문적 지식을 증가시킬 수 있다.
⑤ 자원봉사자 간의 연대 의식을 갖게 되어 지역사회의 소속감과 국민의식을 갖게 한다.
⑥ 사회문제에 접근하고 치료하면서 사회나 국가에 대해 긍정적 견해를 갖게 된다.
⑦ 사회복지시설 · 단체 · 지역사회 등 기존 사회복지 체계 변화의 중추적 역할을 할 수 있다.

은퇴 후에 자원봉사를 활성화하기 위해서는 우선적으로 일상적이고 주변적인 단순 노력 봉사활동이 아닌 자신의 전문적인 지식과 능력을 활용할 수 있는 분야를 개발하는 것이 시급하다. 뿐만 아니라 은퇴자 스스로 자원봉사단체를 결성하고 프로그램을 개발할 때 자원봉사는 더욱 의미가 있다.

프로보노란 '공익을 위하여'라는 뜻의 라틴어 'pro bono publico'의 줄임말이다. 원래 의미는 전문적인 지식이나 서비스를 공익 차원에서 무료로 제공하는 것을 말하는데, 법조계에서는 경제적 여유가 없는 사회적 약자들을 위해 무보수로 변론하거나 자문해주는 봉사활동이라는 뜻으로 쓰인다. 프로보노들은 자신의 전문적인 분야에서 도움을 준다는 점에서 일반적인 자원봉사와는 다르다고 할 수 있다.

최근 지역별로 이루어지고 있는 자원봉사 프로그램을 보면, 지역봉사 지도원 위촉, 각종 복지서비스 수혜에서 제외되는 대상을 지원하는 프로그램, 민간 분야의 각종 기금으로 운영되는 프로그램이 있다.

은퇴 후에 자원봉사 일감을 찾기 위해서는 지역 자원봉사센터, 노인복지관, 사회복지시설 등에 등록하고 그 기관에서 시행하는 자원봉사 프로그램에 참여하는 것이 가장 쉬운 방법이다. 다음으로는 지역의 경로당, 사회복지관이나 노인복지관, 기타 노인단체나 자원봉사단체에서 이루어지는 일에 참여하는 방법이 있다.

그러나 자원봉사활동에 대한 보호, 보상 등 유인제도가 제대로 마련되어 있지 않아서 아직은 은퇴자들의 자원봉사활동 참여가 저조한 편이다. 따라서 자원봉사활동을 증진하기 위해서는 자원봉사활동지원법을 제정하여 국가의 행정적, 재정적, 법적 지원이 있어 자원봉사활동을 위한 재원 확보, 자원봉사자의 상해보험, 건강검진, 봉사은행제 등 사회적 지원이 확립되어야 할 것이다.

5. 사회공헌 일자리

50+ 세대가 자신의 사회적 경험과 전문성을 사려 사회 공헌의 가치와 일자리 두 마리 토끼를 동시에 잡아 활기차고 안정된 노후를 준비하도록 지원 한다.

서울시 공공일자리인 '50+사회공헌 일자리'는 은퇴한 장년층이 학교, 복지시설, 지역 등과 연계해 사회공헌활동을 하고 소정의 활동비를 지원받는 제2, 제3의 커리어 탐색형 일자리이다.

사회공헌과 일자리 찾아보기

- 서울시 일자리플러스 센터 (job.seoul.go.kr)
- 한국노인인력개발원 (www.kordi.go.kr)
- 100세 누리 (www.100senuri.go.kr)
- 워크넷 (www.work.go.kr)
- 베이비부머정보종합포털 (www.activebb.kr)
- 50+서울 (www.seoul.go.kr)
- 노인일자리사업 (시군구청 노인복지관)

〈표 5-2〉 정부기술 교육 기관

한국폴리텍대학교 재취업 프로그램	www.kopoac.kr
대한상공회의소 인력개발원	www.korchamhrd.net
서울특별시 기술교육원	www.stechedu.or.kr
한국노인인력개발원	www.kordi.go.kr
국비지원 교육정보센터	www.gukbi.com

6. 세상의 변화에 적응이 어려운 노년기

노년기에 이르면 사회적 지위 상실로 인하여 자신의 환경이 바뀌면서 욕구 불만에 빠지거나 부적응을 일으키기 쉽다.그리고 경제 능력이 저하되어 열등감을 느끼는 경우도 많다. 또, 심신의 기능이 쇠퇴하고 건강을 잃기 쉬우며 활동력이 저하되기 때문에 자주성을 잃고, 의존성이 증대한다. 이처럼 노년기는 개인적인 적응이나 사회적인 적응에 있어서 많은 문제가 있기 때문에 가정과 사회에서 충분한 배려가 있어야 한다.

노년기는 청년기와 마찬가지로 지극히 주관성이 강해지는 시기이다. 청년기의 주관성은 주로 경험 부족에서 오는 경우가 많지만 노년기의 주관성은 과잉된 경험에서 오는 경우가 많다. 노인은 흔히 완고하다고 하는데 그것은 지나치게 과거의 경험을 내세우기 때문이다.

노년기의 심리 상태가 이렇기 때문에 새로운 사회 변화에 적응하기보다는 과거에 집착하는 경우가 많다. 그러다 보니 노인들이 세상의 변화에 쫓아가지 못해서 사회로부터 소외당하는 지류고(遲流苦)가 늘었다.

지류고란 '시대 변화와 흐름에 뒤쳐진다'라는 의미로 과학기술과 IT의 발달로 인해 각종 전자 기기들이 대거 등장했는데도 불구하고 정보와 기계의 소외를 느끼는 것을 의미한다.

정보통신부와 한국인터넷진흥원이 실시한 '2016년 정보화실태조사' 결과에 따르면, 저연령 및 학생 비율이 높은 저소득층의 디지털 정보화 수준이 77.3%로 타 소외계층에 비해 상대적으로 높고, 연령이 높은 장·노년층의 디지털 정보화 수준이 54.0%로 가장 낮은 것으로 나타났다.

결과를 분석해보면 아직도 60대 이상 인구 80%가 인터넷을 사용하지 않고 있다는 것이다. 물론 컴퓨터 문서 편집 능력을 활용하여 자료를 보존하거나 정보를 만드는 일을 쉽게 할 수 있는 노인들도 많다. 또한 인터넷을 능숙하게 사용할 줄 아는 사람은 이미 자신의 블로그나 카페를 운영하여 동호회 조직을 도우며, 메일과 메신저를 통해 친구들과 대화를 나눈다. 게임과 쇼핑도 여가생활의 일부로 활용하거나 심지어는 이와 관련한 일자리를 가진 분들도 있다.

과거 컴퓨터의 출현과 함께 컴퓨터를 사용할 줄 모르는 사람을 컴맹이라 하다가, 인터넷의 출현으로 인터넷을 사용할 줄 모르는 사람을 넷맹이라고 불렀다. 요즘에는 스마트폰이 출현하면서 스마트폰을 사용할 줄 모르는 사람을 스마트폰맹이라고 할 정도로 스마트폰이 대세가 되는 시대가 되었다.

스마트폰의 등장과 함께 세상의 변화는 누구도 예측할 수 없을 만큼 빠르게 변화하고 있다. 셀 수도 없을 만큼 많은 애플리케이션이 쏟아져 나왔으며, 이로 인해 스마트패드와 스마트TV 등도 출현하고 있다. 젊은 세대들도 시대의 흐름에 뒤쳐지지 않기 위해 스마트폰과 스마트패드를 사용하는 방법을 배우는 데 많은 시간을 할애하고 있다. 심지어는 자동차까지 점점 첨단 전자 장비로 무장하고, 하이브리드나 전기 자동차, 자율주행차로 바뀌어가고 있어 기존의 자동차를 운전했던 사람들도 조작법을 배우지 않으면 사용하기가 곤란해지게 되었다.

이러한 IT 환경의 발달은 노인들이 세상을 살아가는 데 점점 어려움을 주게 되고, 이로 인해서 다른 세대와 대화가 되지 않거나 기기를 사용하지 못해서 사회로부터 격리되게 될 수밖에 없게 된다. 실제로 노인들 중에는 스마트폰을 주어도 제대로 사용할 줄 아는 사람이 거의 없고 심지어는 끄고 켜는 것조차 못하는 분들이 많다. 따라서 IT 기기들이 출현할 때마다 노인들은 사회에서 소외될 수밖에 없다. 과학기술의 발달은 결국 우리 생활의 모든 부분들을 더욱 빠르게 스마트화 하기 때문에 사회의 적응은 물론 생존도 힘들게 할 수도 있다.

다행스럽게도 노인복지관이나 노인교육기관에서는 노인들을 위하여 컴퓨터나 인터넷을 가르치는 곳이 많이 생겼다.

앞으로 노인들이 변화하는 세상에서 생존하게 하려면 노인복지관이나 지자체에서 스마트폰, 스마트패드, 스마트TV 등의 사용법을 배울 수 있도록 해주어야 한다. 또한 노인 인구의 증가에 따라 노인들이 쉽게 볼 수 있고 조작이 가능한 핸드폰과 같이 노인들의 신체적 특성을 고려하고 편리하게 사용할 수 있는 IT기기들이 출시될 것이다. 문제는 쉬운 IT기기가 나온다고 해서 아무나 사용할 수 있는 것은 아니라 사용법을 배우지 않으면 안 된다는 것이다. 따라서 새롭게 출시되는 IT기기들을 편리하게 사용할 수 있는 방법들을 교육시켜줘야 한다. IT기기를 제대로 사용할 수 있을 때 노인들의 생활은 편리해지며, 새로운 정보를 획득하고 풍요로운 여가생활을 보낼 수 있다.

7. 제4차 산업혁명에 따른 사회의 변화

미래학자 앨빈 토플러(Alvin Toffler)는 그의 저서 〈제3의 물결〉에서 인간의 역사는 3단계 변화를 거치며 발전한다고 하였다. 제1물결은 농업혁명(Agricultural Revolution)으로 사람들은 땅에 씨를 뿌리고 농사를 시작함으로써 유목이나 방랑의 생활에서 벗어나 정착생활을 하게 되었다고 하였다. 정착생활의 결과로 마을이 형성되고 사람들 사이에 문화가 생겨나게 되었는데, 이러한 농업혁명에서는 토지를 가진 사람이 부자나 권력자가 되었다.

제2물결은 18세기에 일어난 산업혁명(Industrial Revolution)으로 사람들은 이제 농장에서 도시로 이동하여 공장에서 일하기 시작했다. 이러한 산업혁명하에서는 토지뿐만 아니라 노동력과 자본을 가진 사람이 부자가 되었다.

제3물결은 2000년을 기준으로 일어난 지식정보화혁명(Information or

Knowledge Revolution)으로 이는 기계가 아닌 사람의 마음에 기초를 둔 더 자유롭고 개인적인 요구이다. 지식정보화혁명으로 인해 부자의 개념도 변화하게 되었는데, 부의 원천은 더 이상 눈에 보이는 토지나 노동력이 아니라 전적으로 '지식'이 되었다. 예를 들어 세계 최고의 기업인 마이크로소프트는 토지, 노동, 자본을 상품으로 만들어 파는 것이 아니라 지식을 개발하여 파는 기업이다.

산업사회에서 성공과 실패를 좌우하는 요인은 교통수단이었다. 재화든 서비스든 사람들이 직접 경험해야 하는 상황에서는 그것을 누가 먼저 사람들에게 선보이느냐가 성공의 척도가 되었다. 그러나 지식사회에서 교통수단은 보조 수단이 될 뿐이며, 더 중요한 것은 바로 우리가 경험하고 있는 통신기술이다. 사람들은 지역적인 한계를 넘어 재화와 서비스를 이동시키는 새로운 방식을 끊임없이 개발하고 있으며, 그것에 앞서가는 조직이 살아남게 되었다. 통신기술의 발달은 정치, 경제, 사회는 물론이고 개인 삶의 방식과 기업 형태도 바꾸어가고 있다. 반드시 사람들이 모여 회의하거나 일하지 않고, 발전하는 통신기술을 이용해 재택 근무 하는 회사가 늘어나고 있으며, 자고 일어나면 기업들은 새로운 상품을 만들어내고 있다.

점점 빨라져가는 기술 발전과 새로운 정보 생성은 이른바 제4차 산업혁명인 제4물결을 요구하고 있다. 제4차 산업혁명의 변화를 한마디로 표현하는 것은 너무나도 어려운 일이지만, 4차 혁명의 핵심은 인공지능, 로봇공학, 사물인터넷, 무인 운송 수단(무인 항공기, 무인 자동차), 3차원 인쇄, 나노 기술과 같은 6대 분야에서 이루어지고 있으며 이것은 새로운 기술 혁신이다.

과학기술의 변화 속도는 눈부실 정도이고, 매일 자고 일어나면 새로운 기술이 개발되며 새로운 물건이 만들어지고 있다. 이러한 변화 중에서도 특히 정보화의 물결은 모든 변화를 주도하는 큰 흐름으로 부각되고 있다. 불과 일 년 전만 해도 생각하지 못했던 성능 좋은 제품과 서비스가 시장에 속속 등장하고 있고, 그 변화 속도는 1년에서 6개월, 6개월에서 1개월로 점점 빨라지고 있다. 이러한 시대를 사는 우리가 미래를 예측하고 준비하지 못한다면 미래 사회에서의 생존 역시 어려울 수 있다. 그래서 미래학자들은 제4차 산업혁명 시대를 꿈꾸면 이루어지는 꿈의 혁명 또는 창조혁명의 시대가 된다고 예견한다.

굳이 미래학자들의 전망을 구하지 않아도, 앞으로 전개될 미래는 국가 간의 국경이 사라져 지구상의 모든 이들이 전 세계를 상대로 한 치열한 무한 생존 경쟁으로 치닫게 되리라는 것을 예측하는 것은 어렵지 않다. 지금도 국가 간에는 보이지 않는 전쟁이 계속되고 있다. 세계 최고 기업이 내일이면 볼품없는 기업으로 추락하기도 하고, 어제까지는 이름 없던 무명기업이 하루아침에 세계적인 기업으로 도약하기도 한다. 이러한 치열한 전쟁에서 살아남기 위해 기업들은 남들이 생각하지 못하는 새로운 제품을 지금보다 적은 비용으로 더 많이 생산하기 위한 수단을 고려하지 않으면 안 될 것이다. 결국 기업이 살아남기 위해서 미래의 경영 환경은 경영자와 직장인들이 창조적 인재가 되도록 유도하는 방향으로 나갈 것이다. 이러한 시대의 변화를 인식하여 초고령화 사회에 행복한 노후를 대비하여야 한다.

8. 세상의 변화에 따른 직업의 변화

한국고용정보원의 〈한국직업사전〉에 따르면, 우리나라 직업 숫자는 1995년 10,000여 개에서 현재에는 12,000개로 증가하였다고 한다. 10년 전에 비해 약 2,000개 이상 증가했다. 소멸된 직업의 수까지 고려한다면, 새로운 직업의 증가 폭이 적다고 할 수 없다. 이 숫자는 미국이나 일본이 약 30,000여 개의 직업이 있는 것에 비하면 턱없이 적은 숫자이지만 앞으로 더 많은 직업의 탄생을 예고하고 있다. 실제로 정부에서는 새로운 직업을 늘리겠다고 발표하기도 했다.

미래학자들은 앞으로 과학과 기술의 발전에 따라 10년 안에 현존하는 직업 중에서 단순한 노동 위주의 직업은 로봇이나 인공지능에 대치되기 때문에 50%가 없어지고, 새로운 직업이 많이 생겨난다고 했다.

미래창조과학부가 2016년 내놓은 지능정보사회 종합대책에도 2030년 기준 총 노동시간 가운데 최대 49.7%는 자동화로 인해 노동력이 필요 없어진다고 예측하고 있다. 결국 그만큼 직업이 사라진다는 것을 의미한다. 그러나 직업이 없어지기도 하지만 2030년이 되면 기술의 발전을 담당할 소프트웨어 엔지니어, 데이터 과학자 등 지능정보기술 분야에서 60만~80만 명의 일자리가 창출될 것으로 추정하고 있다.

앞으로 직업의 탄생과 소멸 주기는 더욱 빨라질 전망이다. 전통적인 직업은 이렇게 100~30년 이상을 가기도 했지만 요즘에 새로 생겨나는 직업은 3~4년 만에 사라지는 경우가 많으며, 심지어는 3개월 주기로 생기기도 하고 사라지기도 한다. 예를 들면 요즘 핸드폰은 3개월 주기로 신제품이 나오기 때문에 3개월만 지나면 과거의 제품을 팔던 사람이나 그 기계를 수리할 수 있는 능력을 가진 사람이 생겨났다가 제품이 사라지면 직업도 없어지는 현상도 자주 볼 수 있다.

우리나라의 산업과 직업의 변천사를 보면 1960년대에는 경공업, 농업, 어업, 임업이 중심산업이었으며, 은행원, 공무원이 유망 직업이었다. 섬유・합판・신발 공장 기능공과 기술자, 스튜어디스, 탤런트, 전자제품 조립원 등의 새로운 직업이 생겨났다.

1970년대에는 수출, 중화학공업이 중심산업이었으며, 대기업 직원, 금융계 종사자가 유망 직업이었다. 국외 건설 근로자, 중장비 엔지니어링, 토목・설계 기술자, 기계・전자 공학 전문가 등의 새로운 직업이 생겨났다.

1980년대에는 중화학공업, 산업고도화가 중심산업이었으며, 증권사 직원, 컴퓨터 프로그래머, 반도체 기술자가 유망 직업이었다. 금융계 종사자, 운동선수, 광고 전문가, 선진유통 종사자, 공인중개사, 텔레마케터 등의 새로운 직업이 생겨났다.

1990년대에는 정보통신, 금융전문사업이 중심산업이었으며, 외환딜러, 펀드매니저, 프로그래머, 벤처기업가가 유망 직업이었다. 선물거래사, 기업신용평가사, 웹마스터, 연예인코디네이터, 멀티미디어 관련업 등의 새로운 직업이 생겨났다.

2000년대에는 정보통신, 인터넷 등 지식기반경제가 중심산업이었으며, 항공업 종사자, 통신 네트워크 전문가, 인터넷 전문가가 유망 직업이었다. 인터넷솔루션 전문가, 국제회의 전문가, 금융자산관리사 등의 새로운 직업이 생겨났다.

〈표 5-3〉 우리나라 산업과 직업의 변천사

시대 구분	중심 산업	유망 직업	주요 신생 직업
1960년대	경공업, 농업, 어업, 임업	은행원, 공무원	섬유·합판·신발 공장 기능공과 기술자, 스튜어디스, 탤런트, 전자제품 조립원
1970년대	수출, 중화학 공업	대기업 직원, 금융계 종사자	국외 건설 근로자, 중장비 엔지니어링, 토목·설계 기술자, 기계·전자 공학 전문가
1980년대	중화학 공업, 산업 고도화	증권사 직원, 컴퓨터 프로그래머, 반도체 기술자	금융계 종사자, 운동선수, 광고 전문가, 선진 유통 종사자, 텔레마케터
1990년대	정보 통신, 금융전문사업	외환딜러, 펀드매니저, 프로그래머, 벤처기업가	선물거래사, 기업신용평가사, 웹마스터, 연예인코디네이터, 멀티미디어 관련업
2000년대	정보 통신, 인터넷 등 지식기반경제	항공업 종사자, 통신 네트워크 전문가, 인터넷 전문가	인터넷솔루션 전문가, 국제회의 전문가, 금융자산관리사
2010년대	교육, 의료, 여행, 취미 관련업	교육자, 의사, 여행사 직원, 모바일 관련 직업	원격교육 전문가, 의료관광 기획가, 여행기획가, 웹 애플리케이션 제작자
2020년대	가공, 기능, 로봇, 전기차 관련업	로봇 전문가, 자율주행 전문가, 사물인터넷 전문가, 빅데이터 전문가	가상현실 전문가, 기능향상가, 가공기술자

2010년대에는 교육, 의료, 여행, 취미 관련업이 중심산업이며, 교육자, 의사, 여행사 직원, 모바일 관련 직업이 유망 직업이었다. 원격교육 전문가, 의료관광 기획가, 여행기획가, 웹 애플리케이션 제작자 등의 새로운 직업이 생겨났다.

2020년대에는 가공, 기능, 로봇, 전기차 관련업이 중심산업이 될 것이며, 로봇 전문가, 자율주행 전문가, 사물인터넷 전문가, 빅데이터 전문가가 유망 직업이 될 것이다. 가상현실 전문가, 기능 향상가, 가공기술자 등의 새로운 직업이 생겨날 것이다.

이러한 직업의 변화는 결국 우리 생활에도 큰 변화를 일으킬 것이다. 예를 들어 5년 안에 자율주행차가 시내에서도 주행할 것이며, 감정을 읽는 로봇을 대부분의 집에서 보유하게 될 것이다. 이러한 기술의 발전은 사람의 가치관을 변화시키며 생활환경에 변화를 가져오게 될 것이다. 이러한 변화에 적응하거나 따라가지 않으면 결국 사회에서 소외되어서 더욱 외로운 삶을 살 수 밖에 없다. 따라서 앞으로 이루어지는 문명과 문화의 발전, 변화에 적응하기 위해서는 부단히 공부해야 한다.

제6장

일과 직업

사람은 누구나 꿈을 이루며 행복하게 살기를 원한다. 대부분의 사람들은 직업을 가지고 일을 하며 자기 계발을 하고 보람과 즐거움을 얻게 된다. 또한, 직업을 가지게 되면 사회에 이바지하며 경제적인 안정을 이루게 된다. 이처럼 일과 직업은 행복한 삶을 이루는 데 매우 중요한 역할을 한다.

1. 평생직업

우리나라의 모든 직장은 60세에 정년퇴직 하도록 되어 있고, 정년이 다른 직업보다 긴 교사는 63세, 교수는 65세에 원하든 원하지 않든 은퇴를 해야 한다. 10년 전의 평균수명이 65세 정도였기 때문에 60세까지 일할 수 있는 직장은 평생직장의 의미를 가지고 있었다. 현재는 평균수명이 80세를 넘고 있으며, 앞으로 10년 후면 평균수명은 90세를 넘을 것으로 예측하고 있다. 뿐만 아니라 앞으로 장기를 교환할 수 있는 기술이 보편화 되면 사람의 수명은 100세를 넘어 심한 경우에는 150세를 넘길 수 있다는 의학자들의 보고까지 있다.

따라서 아무리 정년이 보장되는 회사라고 해도 공무원을 제외하고는 60세를 넘기면 평생직장이라고 보기는 어렵다. 근대 사회에서는 평생직장의 의미가 강해 한번 취업하면 정년을 맞을 때까지 한 회사에서 근무하고 퇴직하여 노후를 맞이하는 게 직업 선택의 기준이 되었다. 그러나 시대의 변화는 이러한 평생직장의 의미를 상실시켰다. 따라서 지금처럼 평균수명이 80세를 넘는 시대에는 노인 실업자를 대폭적으로 양성하는 결과를 가져오고 있다. 평균수명이 증가함에 따라 일자리를 찾으려는 노인들이 늘고 있다.

실제로 조선일보가 2011년 한국갤럽에 의뢰해 전국 30대 이상 남녀 513명을 조사한 '노후의 직업의식 조사'결과를 보면 응답자의 40.6%가 "70세가 넘어도 일하고 싶다."라고 했다. "80세가 넘어도 일하고 싶다."라는 사람도 14.9%에 달했다. '65세 은퇴'에 대해서는 56.2%가 "은퇴할 나이로 적절치 않다"라고 했다. 이들이 적절한 은퇴 연령으로 꼽은 나이는 65~69세(36.1%), 71~75세(12.2%), 76~79세(2.6%) 순이었다. 다른 연구 결과를 보면, 60세 이상의 은퇴자들 중에서 60% 이상이 다시 일하고 싶다고 하였으며, 일하는 노인의 생활 만족도가 일하지 않는 노인보다 두 배 높게 나타났다. 일하는 노인들은 "생활비가 충분해도 일하러 나오고 싶다"라고 했다.

일하는 노인들의 장점은 헤아릴 수 없이 많다. 그중에서도 가장 중요한 것은 노후준비를 하지 못한 노인들은 일자리를 통해서 경제적으로 보충할 수 있다. 그리고 건강상으로도 일하지 않는 노인보다 일하는 노인이 훨씬 건강한 것으로 나타났다. 더욱이 노인이 일한다는 것은 노인이 사회에 의존적인 느낌을 주는 것이 아니라 사회의 주류로서 자기존중감이 높아져 정신적으로도 건강해진다는 것이다. 노인들은 힘써 일해 사회의 어엿한 주체로 거듭나기를 희망하고 있다. 그래서 은퇴 후에도 일을 하는 것이 가장 중요하다.

미국에서는 우리처럼 한번 들어간 직장을 평생직장이라고 생각하는 것이 강하지 않기 때문에 일생 동안 직장을 평균 7~8번 정도 바꾸는 것으로 나타났다. 반면 우리나라는 한번 입사하면 그 직장을 평생직장으로 생각하는 성향이 강하기 때문에 일생 동안 직장을 평균 3~4번 정도 바꾼다고 한다.

우리나라에서 취업하고 싶은 최고의 기업이라고 하는 S사에서 평균 근속률(전 직원이 입사해서 퇴직할 때까지의 평균기간)을 따져보니 7.5년을 넘지 않는다는 통계가 나왔다. 재정경제부가 2011년 발간한 OECD 한국경제보고서에 따르면 우리나라 정규직 근로자들의 동일 직장 평균 근속연수는 5.7년 정도로 나타나 S사에서의 평균 근속률은 높은 편이라고 할 수 있다. 이러한 평균 근속률은 고학력자가 저학력자보다 짧고, 사무직이 생산직보다 짧은 것으로 나타났다. 결국 많이 배운 사람이나 전문직에 종사한 사람일수록 한 회사를 오랫동안 다니지 않았다.

우리나라도 이제 서구 선진국처럼 수명이 연장됨에 따라 평생직장의 개념이 퇴색했기 때문에 점점 직장을 바꾸는 것이 늘어날 것이라고 예측할 수 있다. 이제는 100세 시대를 맞이하여 평생직장을 선택하기보다는 평생직업을 가져야 한다.

평생직업이란 한번 선택한 직업으로 평생 일할 수 있는 직업을 말한다. 평생직장은 직장 한곳을 오래 다니는 것을 말하며, 평생직업은 한 가지 직업으로 평생 일할 수 있는 것을 말한다. 평생직업을 가지면 죽을 때까지 일할 수 있으므로 오히려 정년이 없는 평생직장을 갖는 것이나 다를 바 없다.

평생직업을 갖기 위해서는 직업능력을 강화해야 하므로 직업능력개발의 필요성이 점점 높아지고 있다. 평생직업을 가지려면 관련 업무에 관한 자신만의 노하우나 지적 재산이 풍부하고 창의성을 가져야 한다. 일본은 10여 년의 긴 공황기를 지나 경제가 되살아나면서 은퇴자들에게 고문역 혹은 지역에서 활동할 수 있는 문화유산해설사, 지역활동가로 재취업의 기회를 확대하고 있다. 우리나라에서도 간간히 종신 고용제를 선택하는 기업들이 생겨나고 있으며, 서울시에서는 노인 일자리 창출을 위해 노인들에게 적합한 일자리 10만 개를 만들어 노인 고용비율을 15%까지 높이는 정책을 추진하고 있다.

자신의 생계수단이 되는 일자리든지, 아니면 지식과 경험을 이웃에게 나누는 자원봉사 일자리든지 간에 일자리는 은퇴자들에게 꼭 필요한 실체다. 은퇴자들이 60세에 은퇴해 80세까지 일한다고 가정하면, 일상생활에 필요한 시간(수면, 식사 등 13시간을 제외한 11시간 무려 8만 시간(하루 11시간×365일×20년) 이상을 행복하게 보낼 수 있다.

2. 일자리 찾기

우리나라에서는 정부에서도 노인들의 일자리 창출을 위하여 노인 일자리 사업을 진행하고 있다. 노인 일자리 사업은 고령사회에서 발생할 수 있는 다양한 노인 문제를 사전에 예방하고, 노인들의 적극적인 사회 참여 확대를 통해 사회적 가치 창출을 극대화하려고 한다. 뿐만 아니라 노후 건강 유지, 보충적 소득 지원 등의 사회적 비용을 절감하는 효과가 있다. 노인 일자리 사업을 위한 각 기관의 역할을 보면 다음과 같다.

〈표 6-1〉 정부 기관의 노인 일자리 관련 사업

기관명	주요 추진 사업
보건복지부 (노인지원팀)	· 노인 일자리 정책 결정 및 종합 계획 수립 · 노인 일자리 사업에 대한 법령 및 제도 운영 · 지자체 및 사업 수행기관의 노인 일자리 사업 지원 (예산, 인력 등)

	· 대국민 홍보
한국노인인력개발원	· 전국 노인 일자리 사업 추진 총괄 및 지원 · 지역의 노인 일자리 사업 수행 기관 간 연계 · 조정 · 노인 일자리 개발 · 보급 및 심사 · 평가 · 노인 일자리 관계자 교육·훈련 및 정책포럼 개최 · 노인 일자리 박람회 지원 및 실적 관리 · 노인 인력에 대한 수급 동향 분석 및 정책 개발 · 노인 인력 D/B 및 업무 지원 전산 시스템 구축 · 노인 일자리 사업에 관한 조사 · 연구
광역자치단체	· 시 · 도 노인 일자리 사업 추진 계획 수립 및 재정 지원 · 시 · 도 노인 일자리 사업 수행 전반에 관한 총괄 · 조정 · 시 · 도 노인 일자리 사업 홍보 추진 · 시 · 도 노인 일자리 박람회 개최 · 사업 수행 기관 전담 인력 교육
기초자치단체	· 시 · 군 · 구 노인 일자리 사업 추진 계획 수립 · 시 · 군 · 구 노인 일자리 사업 수행 전반에 관한 총괄 · 조정 · 사업 수행 기관 선정 및 수행 기관 사업 운영에 대한 관리 · 감독 · 노인 일자리 관련 사업 수행 기관에 대한 재정 · 행정 지원 · 노인 일자리 사업 지역 협의체 구성 · 운영 · 노인 일자리 사업 발대식 수행 · 참여자 통합 소양 교육 실시 지원(민간 수행 기관 연계) · 노인 일자리 박람회 개최 지원 등
사업수행기관	· 노인 일자리 사업 실행 계획 수립 · 시행 · 노인 일자리 사업 참여자 모집, 등록, 상담, 선발, 교육, 현장 투입 등 일자리 관련 제반 업무 수행 · 보수 지급, 근무 상황, 업무 확인 등 참여자 관리 · 정기 간담회 개최, 만족도 조사, 사업 자체 평가회 등 사업 관리 · 참여자 관리, 보수 내역 등에 대하여 각종 업무 지원 전산시스템 활용

은퇴 후에도 일자리를 얻기 위해서 먼저 선행되어야 할 것은 은퇴 전의 사회적 지위를 잊는 것이다. 넓은 마음과 베푸는 서비스 마인드로 재무장하고 일자리에 대한 높은 기대감은 내려놓는 것이 좋다. 은퇴 후 자신의 경력과 관련된 일을 지속적으로 할 수도 있지만 특별한 경력이 없이 일을 구하려면 다음과 같은 일자리를 고려해보는 것이 좋다. 은퇴자들이 취업할 수 있는 일자리를 유형별로 보면 다음과 같다.

1) 공익형 일자리

공익형은 지방자치단체의 고유 업무 영역 중에서 환경, 행정, 시설 관리 등 노인들에게 적합한 일자리를 맡기는 것을 말한다. 공익형 일자리는 공익성이 강한 일자리로 지역 사회 발전 및 개발에 공헌하는 장점이 있다. 이를 통해서 지자체는 노인 일자리 창출과 동시에 지자체의 행정 비용을 절감하는 효과를 가져온다. 뿐만 아니라 노인들 입장에서도 전문 기술이 없거나 많은 연령 등으로 인해 소외된 노인층에게 사회에 공헌할 기회를 제공함으로써 참여 노인의 자존감을 고취하는 효과가 있다.

구체적으로 공익형 일자리에는 거리환경 개선, 자연환경 보호, 교통질서 및 주차계도, 지역행정 조사, 지하철 이용질서 계도, 공공시설 관리, 사회복지 시설(생활시설에 한함)에 지원하는 일자리가 있다.

2) 교육형 일자리

교육형은 특정 분야의 전문 지식이나 경험을 소유하였거나 전문 교육을 받은 자가 교육 기관 및 문화재 시설 등에서 피교육자를 대상으로 강의 또는 해설을 하는 일자리를 말한다. 교육형 일자리는 노인들 중에서 특정 분야의 전문 지식 및 경륜 등을 가지고 있는 노인들을 대상으로 사회에 기여할 수 있는 기회를 주고, 참여 노인의 전문 능력을 향상시켜 수요처에서 자발적으로 활용하도록 한다.

구체적으로 교육형 일자리는 평생교육의 확대와 함께 1~3세대 강사(1세대 노인이 3세대 청소년을 지도하는 강사), 노-노 교육 강사(노인이 노인을 가르치는 강사), 문해교육 강사(한글을 모르는 사람을 대상으로 한글을 가르치는 강사), 학습도우미(학생에게 공부 방법을 가르치는 강사), 노후설계 전문 강사, 구연동화 강사, 은퇴설계사, 취미활동 강사, 체육(건강)활동 강사를 양성하여 파견한다. 또한 지역의 문화재 해설, 숲 생태 해설, 늪 해설, 섬 해설 등을 가르쳐 해설사로 자원봉사를 하거나 고용하는 일자리가 있다.

3) 복지형 일자리

복지형은 돌봄이나 상담 등 전문 기술을 습득한 건강한 노인이 사회적 취약 계층을 대상으로 필요한 사회 서비스를 제공하는 일자리를 말한다. 복지형 일자리는 건강을 유지하고 있는 동안 지역 사회 내 다양한 취약 분야에서 사회 서비스 확충을 위해 기여할 수 있는 기회를 부여하여, 참여자의 자긍심 증진 및 서비스 이용자의 생활 안정을 가져오는 효과가 있다.

구체적으로 복지형 일자리는 거동 불편 보호자 돌봄 서비스, 사회복지(생활) 시설 이용자 돌봄 지원, 소외 계층 지원, (노인)가구 주거 개선, 아동 청소년 보호(상담, 선도활동 등), 문화 복지 사업 등의 일자리가 있다.

4) 시장형 일자리

노인들이 공동으로 일정 수준 이상의 수익이 창출되는 다양한 업종의 사업단 운영을 통해 확보되는 일자리를 말한다. 시장형 일자리는 수익이 창출되는 경제 사회 활동에 종사하도록 지원함으로써 노인의 노후 자립심을 배양하며, 일정 기간(3년) 지원 후에는 매출 규모에 따라 인센티브 차등 지급 또는 독립 운영될 수 있도록 함으로써 예산 절감을 포함한 국가적 비용 절감 효과가 있다.

구체적으로 시장형 일자리는 식품 제조 · 판매, 특산물 제조 · 판매, 공산품 제조 · 판매, 공동 작업장 운영, 지하철 택배, 세차 및 세탁, 지역 영농 사업 등의 일자리가 있다.

5) 인력 파견형 일자리

인력 파견형이란 수요처의 요구에 의해서 일정 교육을 수료하거나 관련된 업무 능력이 있는 사람이 해당 수요처에 파견되어 근무한 대가로 임금을 지급받을 수 있는 일자리를 말한다. 인력 파견형 일자리는 수요처에서 임금을 지급받을 수 있는 여건을 만들어 노인의 노후생활 보장을 지원하며, 업무 수행 능력 배양 등을 위한 일정 기간 교육 지원 후에는 파견 사업단별로 독립 운영될 수 있도록 함으로써 예산 절감 효과를 가져온다.

구체적으로 인력 파견형 일자리는 시험 감독관, 주유원, 주례사, 경비원, 가사도우미, 미화원, 식당보조원 등의 일자리가 있다.

이처럼 다양한 일자리가 주어지지만 정부가 제공하는 교육형, 공익형의 일자리를 가지려면 자신이 체득한 경험과 지식을 바탕으로 새로운 공부를 해야 한다. 그렇지 못하면 단순 노동형, 시장형 일자리, 복지형 일자리, 인력 파견형 일자리에 집중되는 경향이 있다.

3. 고령친화산업

고령친화산업이란 고령친화산업진흥법에 따르면 고령친화제품 등을 연구·개발·제조·건축·제공·유통 또는 판매하는 업으로 정의된다. '고령친화'는 실제로 '노인이 편리하면 모든 사람도 편리하다'라는 취지하에 편리성과 안전성에 입각한 노인의 선호를 우선적으로 고려함을 의미한다. 또한 고령자는 현재의 고령자는 물론 현재의 중장년층이 향후 고령층으로 편입되었을 때를 대비하는 제품과 서비스도 고령친화산업 범주에 포함시키겠다는 것을 의미한다. 그러나 일반인들에게 고령친화산업이라는 말은 아직 낯설다. 일본의 경우 이 산업을 '복지용구산업'이라고 부른다.

고령친화산업진흥법에서 제시하는 고령친화제품은 노인을 주요 수요자로 하는 제품 또는 서비스로써 다음 각 항목 중 하나에 해당되는 것을 말한다.

> **고령친화제품**
>
> - 노인이 주로 사용하거나 착용하는 용구·용품 또는 의료 기기
> - 노인이 주로 거주 또는 이용하는 주택 그 밖의 시설
> - 노인 요양 서비스
> - 노인을 위한 금융·자산 관리 서비스
> - 노인을 위한 정보 기기 및 서비스
> - 노인을 위한 여가·관광·문화 또는 건강 지원 서비스
> - 노인에게 적합한 농업용품 또는 영농 지원 서비스
> - 그 밖에 노인을 대상으로 개발되는 제품 또는 서비스로써 대통령령이 정하는 것

대한상공회의소에서 펴낸 〈국내 실버산업 전망 연구 보고서〉에 따르면 2010년 기준 고령친화산업의 시장 규모는 약 41조 원이다. 보고서는 이후 10년간 성장률이 연평균 13%에 이를 것으로 전망한다. 실제로 구매력을 갖춘 거대 잠재수요 계층인 노인층이 2010년에는 인구의 11.3%를 넘어 섰으며 2020년에는 12.5%, 2026년에는 20%를 넘어설 것으로 예측하고 있다. 또한 초고령화 사회로 진입하는 것과 발맞춰 고령친화산업의 시장 규모가 급속도로 커질 것이라고 보고서는 밝히고 있다. 특히 미국은 2015년부터, 일본은 2016년부터 베이비붐 세대를 겨냥한 실버산업이 크게 성장하고 한국은 베이비붐 세대가 70세에 접어드는

2025년부터 또 다른 실버산업의 기폭제가 되고 있다. 고령친화산업을 '황금알을 낳는 거위'라고 부르는 이유가 여기에 있다. 이로 인해 기업이나 지방자치단체들은 고령친화산업을 미래의 가장 유망한 산업으로 인정하고 발 빠르게 대비하기 시작했다.

이처럼 노령 인구의 증가에 따라 고령친화산업의 발전과 미래 전망은 매우 밝을 것으로 예측할 수 있다. 그러나 국내 실버용품산업은 아직 걸음마 단계이다. 현재 우리나라 고령친화용품 제조업체는 100여 개 이상이 등록되어 있으나 주 생산품은 침대, 휠체어 에어매트이고 나머지는 수입에 의존하고 있다. 이는 구매력 있는 노인 계층이 아직은 미흡하고 현재 유통되고 있는 실버용품의 대부분(약 80%)이 수입품에 의존하고 있기 때문이다. 이로 인해 우리나라 고령친화산업은 정부가 구매해서 지급해주는 분야는 성장하고 있지만, 유료로 구매하거나 운영해야 하는 고령친화산업은 지지부진한 편이다. 따라서 고령친화용품 제조업체는 생산이나 개발에 적극적으로 참여하지 못하고 있다. 뿐만 아니라 창의적인 제품의 개발보다는 외국 제품을 모방하려는 분위기이다. 이는 우리나라가 고령인구의 증가 추세가 빠름에도 불구하고 정부 차원의 지원이 아직 미비하기 때문이다. 다행인 것은 정부에서 2004년에 차세대 동력 산업으로 고령친화용품산업을 육성하겠다는 내용을 발표한 이후, 노인성 게임이나 디지털 기기들을 개발하고 있다는 것이 그래도 희망적이다.

일본의 경우 고령친화용품 제조 사업은 대부분 정부와 지자체 민간이 협력해서 체계적으로 발전시켜왔다. 일본에서는 휠체어, 특수 침대, 입욕보조용구 등 실버용품 매출이 매년 10%에 가까운 성장을 거듭, 39조 엔 규모의 실버시장을 형성하고 있다. 한편 우리나라 고령친화산업 업계에서 시장 규모를 예측하면 약 1,000억 원 안팎이라고 한다. 우리보다 먼저 노령화 사회를 맞은 일본에 비하면 턱도 없이 낮은 수준이기에 고령친화산업의 미래는 더욱 발전할 가능성이 충분히 있다.

고령친화산업은 과학기술의 발달과 경제적인 풍요로움을 바탕으로 나날이 시장 규모가 성장할 것으로 예측되며, 분야도 확대되고 있다. 앞으로 유망한 고령친화산업을 보면 다음과 같다.

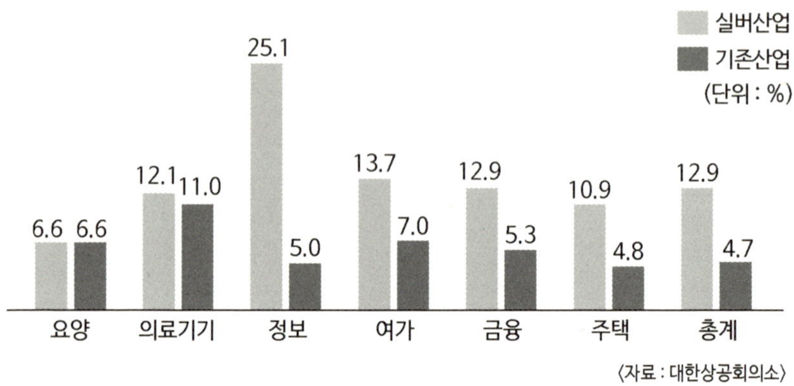

[그림 6-1] 실버산업 연평균 성장률 전망(2010~2020년)

출처 : 대한상공회의소(2010). 〈국내 실버산업의 성장성 전망〉

1) 주거 시설 분야

주거 시설 분야에는 노인전용 주거 시설, 실버타운, 은퇴자마을 등이 있다. 고령친화산업 중에서 노인 주거 시설 분야는 미개척 분야라고 할 수 있다. 경제적으로 여유가 있는 노인들에게는 문제가 되지 않지만 경제적으로 어려운 노인들을 위한 복지 차원에서 이루어지는 노인 공동 주택은 아직도 미흡한 편이다. 아직 노인들을 위한 노인 주택에 대한 이해나 욕구가 낮으며, 주거 용지 공급 부족으로 노인 주택 건설에 애로가 많다. 더욱이 토지 가격이 저렴한 도시 외곽이나 쾌적한 환경 입지는 도시계획법에 의한 각종 설치 규제 등으로 많은 제약이 있다.

앞으로 노인 인구의 증가와 노인의 경제력 향상으로 노후생활을 보낼 노인들이 편리한 노인 주택에 대한 수요가 증가하고, 경제력이 충분하지 못한 노인들을 위한 공동 주택 공급에 대한 요구도 높다. 따라서 노인들이 편안하고 안정하게 살 수 있는 영구 임대 주택이나 노인 주택의 건설이 요구되고 있다.

2) 건강, 의료 시설 및 서비스 분야

건강, 의료 시설 및 서비스 분야에는 요양 시설, 재가 서비스, 노인 병원, 요양보호사 파견업, 가사 대행이나 유품 관리업, 장례 등이 있다. 현재 노인 전문 병원은 주로 생활 보호 대상 노인 및 저소득층을 대상으로 무료 치료 기능을 수행하고 있으나, 앞으로는 혜택을 받지 않아도 되는 노인들의 장기요양보호 시설과 서비스가 절대적으로 필요하다. 현재 복지 차원에서 요양보호사 파견업이나 재가 노인 서비스는 주로 무료 및 실비로 운영되고 있으나, 앞으로는 가사 대행이나 유품 관리업, 장례 등과 같이 차별화된 서비스와 유료 고객을 위한 건강, 의료 시설 및 서비스 분야도 개발되어야 할 것이다.

3) 노인용품 제조, 유통 분야

노인용품은 노화가 진행됨에 따라 필요한 의료기, 재활용품, 운동 · 건강용품, 생활용품, 노인 화장품, 노인 패션, 노인을 위한 음식 등으로써 이에 대한 수요가 증가하고 있으나, 아직은 정부 차원에서 지원해야 하기 때문에 크게 성장하지 못하고 있다. 앞으로 경제력이 있는 노인들의 실비 구입이 증가하게 되면 유망한 분야라고 할 수 있다. 또한 IT 발달에 의해 노인들을 위한 휴대폰이나, 기능성 게임, IT제품들이 더욱 증가할 것으로 예측된다.

4) 노인 여가 프로그램과 시설 분야

노인 여가 프로그램은 노인을 위한 관광, 레저, 스포츠, 교육 등이며, 시설은 노인 리조트, 노인 숙박 시설 등을 의미하는데 아직도 초보 단계라 앞으로 성장 가능성이 높은 분야이다. 앞으로 노인대학, 노인상담소, 노인문화센터, 노인스포츠센터, 노인복지관, 노인방송국, 노인여행사 등이 더욱 증가할 것으로 예측된다.

5) 노인 금융상품 분야

노인들의 가장 큰 고민 중에 하나가 노후자금인데 노후자금을 불려주고, 관리해주는 노인 금융상품이 절실히 필요한 실정이다. 이를 위해서 주택모기지론 같은 상품이 개발되었으나 앞으로는 더욱 다양한 보험과 적금과 같은 금융상품들이 개발되어야 한다.

6) 노인 교육 분야

평균수명이 늘어남에 따라 여가 선용이나 직업을 구하려는 노인들의 증가로 노인 교육은 더욱 증가할 것으로 예측된다. 노인들을 위한 전문 직업으로는 노인 주거 시설 경영 관리자, 노인 요양 서비스 관리자, 노인 스포츠 지도사, 노인 여가 지도사, 노인 상담사, 노인용품 컨설턴트, 노인 시설 감리사, 노인용품 기능사, 원격 케어사, 노인 자산 매니저, 노인 관광 가이드, 노인 방송 아나운서, 실버 시터 등 다양한 직업이 있다. 노인을 위한 교육으로는 노인 건강, 노인 금융, 노후설계, 죽음 대비교육 등이 있다.

4. 노인 창업

최근 베이비부머를 중심으로 은퇴자가 쏟아져 나오면서 경제적인 수입을 유지하기 위해서 자영업자가 급증하고 있다. 그러나 문제는 경기 불황의 영향으로 폐업하거나 업종을 변경하는 자영업자들이 늘어나고 있다.

국세청과 통계청 자료에 따르면 지난 2015년 기준 폐업한 개인사업자는 73만 9천 명이었다. 이 중 음식점 폐업 자영업자가 15만 3천 명으로 전체의 20%를 차지하며 가장 많았다. 또한 '2015년 기업생멸 행정통계'에 따르면 창업한 기업 중 1년 생존 비율은 62.4%, 2년 생존율은 47.5%, 창업 3년째 생존하는 기업은 전체의 38.8%로 자영업자는 3년 후 61%가 폐업하는 것으로 나타났다.

사정이 이런데도 자영업자 수는 최근 크게 늘고 있으며, 자영업자 가운데 50대 이상 인구가 과반수를 넘어서고 있다. 폐업 자영업자가 늘어나는데도 자영업자 수가 증가하고 있다는 것은 생계를 이어 나가기 위해서는 어쩔 수 없이 자영업을 선택할 수밖에 없다는 뜻이기도 하다. 특히 일찍 퇴직하거나 구조조정으로 회사를 나온 사람들은 먹고살기 위해서 어쩔 수 없이 창업을 선택하기 때문에 가뜩이나 어려운 창업 시장에 경쟁만 치열해지고 있다.

창업을 하기 위해서는 인테리어비, 가맹비, 집기류 구입, 홍보비, 임대료, 보증금, 인건비 등에 많은 창업비용을 투자해야 한다. 하지만 대부분 퇴직하고 남은 돈을 전부 투자해서 창업을 하는 경우가 많기 때문에 폐업을 하게 되면 경제적으로 상당한 손해를 입게 된다.

뿐만 아니라 창업을 성공적으로 해도 점포 임대료를 내고 종업원에게 월급을 주고 나면 남는 게 없다. 게다가 수입이 부족하면 월급이나 임대료를 제때 줄 수 없으므로 융자를 내서 주어야 한다. 결국 창업을 잘못하면 빚까지 지게 된다.

따라서 은퇴 후에 경제적인 수입이 필요하다고 해서 무조건 창업을 결심하는 것은 심각하게 고려해봐야 한다. 창업을 해서 3년 내에 41%가 폐업을 하고, 50%는 먹고살 정도의 현상 유지만 하며, 돈을 버는 업소는 고작 10%에 불과하다는 것을 염두에 두어야 한다.

그럼에도 불구하고 창업을 한다면 시장을 철저하게 분석하고, 최저 수입에도 견딜 수 있는지를 고려해야 한다. 그리고 창업비용을 잃어 노후생활에 치명적인 어려움이 생긴다면 성공이 보장된 창업 외에 막연한 창업은 절대 하지 말아야 한다. 또한 자신의 노후자금은 보장된 상태에서 창업비용을 전부 잃어 버려도 살 수 있는 규모로 시작하는 것이 어떠한 상황이 와도 견딜 수 있게 해준다. 처음 시작은 작게 해서 그것이 성공한다면 그때 규모를 키우는 것이 매우 바람직한 창업 자세이다.

5. 노인 외식업

우리나라는 현재 생활수준의 향상과 함께 외식 프랜차이즈 산업이 활성화 되어 있다. 그러나 일본은 이미 우리보다 빠르게 시작된 저출산 고령화 현상으로 인해 외식 시장의 규모가 매년 줄어드는 추세이다. 이러한 추세를 반영이라도 하듯 신규 체인점은 거의 늘지 않고 있는 실정이다. 당연히 일본 외식 시장은 새로운 시장의 수요를 창출하지 않으면 안 되었고 자연스럽게 관심을 가지게 된 것은 시장의 규모가 커지는 노인 시장을 공략하는 것이었다.

일본의 최대 외식 프랜차이즈 업체인 '와타미'는 노인들을 대상으로 도시락 택배 서비스를 통해 매출을 늘리고 있다. 와타미는 거동이 불편하고 요리를 자주 하지 못하는 노인들을 대상으로 메뉴를 정해 도시락을 배달하는 사업을 주로 하고 있다. 와타미는 노인들의 건강을 고려하여 유기 농산물을 생산하여 직접 식자재로 사용하고 있으며, 시장을 다니기 어려운 노인들을 대상으로 식재료를 배달하는 서비스도 실시하고 있다. 와타미는 앞으로 중장년층과 노인층을 대상으로 한 도시락 배달 사업이 더 커질 것으로 예상하고, 2020년까지 매출액 1000억 엔을 목표로 잡았다.

우리나라도 머지않아 저출산 노령화 현상으로 인해 인구 감소가 예상되고 있으므로 일본처럼 외식 산업들이 전반적으로 재편될 것으로 예측된다. 중장년층을 대상으로 하는 외식업들은 그런대로 명맥을 유지할 수 있지만 아동이나 청소년을 대상으로 하는 외식업들은 점차 손님이 줄어 침체기에 빠지게 될 것이다. 반면 증가하는 노인들을 대상으로 하는 외식업이 생겨날 것으로 전망되며, 건강과 기능을 고려한 식당들도 증가할 것으로 예상된다.

노인들은 나이가 들면 치아가 흔들리고 빠지기 시작하여 틀니를 하거나 임플란트를 해야 한다. 그러다 보니 자연 치아에 비하여 씹는 강도가 약해서 젊었을 때처럼 먹고 싶은 것을 마음대로 먹기가 어려워진다. 따라서 노인들을 대상으로 하는 외식업은 노인들의 입맛에 맞는 음식은 물론, 노인들도 쉽게 먹을 수 있도록 조리하는 것이 중심이 되어야 할 것이다. 뿐만 아니라 거동이 불편한 노인이나 남성 독거노인들은 음식을 직접 만들어 먹지 못해서 영양실조에 걸리는 비율이 높기 때문에 이를 위한 서비스도 필요하다.

물론 이미 많은 지방자치단체나 노인복지 관련 기관에서 독거노인들을 대상으로 반찬이나 도시락 배달을 하고 있지만 이들은 생활보호대상자나 차상위 계층에 해당된다. 따라서 중산층 독거노인들이나 상류층 노인들을 위한 도시락 배달 서비스가 상용화되어 있지 않은 우리나라에서는 한번쯤 시도해볼 만한 사업이라고 할 수 있다.

뿐만 아니라 노인의 질환에 따라 맞춤식 기능성 식단을 만들어 제공하는 것도 바람직한 일이다. 이미 국내의 큰 병원에서는 환자들의 질환에 맞는 기능성 음식을 만들어 단체 급식으로 제공하고 있다. 예를 들어 암에 걸리면 치료와 함께 식이요법이 이루어져야 하기에 암 환자들에게는 맵고 짠 자극적인 음식과 지방이 많은 음식을 피해서 제공한다. 그리고 당뇨병 환자들을 위해서는 당을 적게 먹을 수 있는 음식을 제공한다. 이처럼 집에서도 편리하게 노인들의 질환에 맞도록 도시락이나 식자재를 공급한다면 이를 필요로 하는 노인들에게는 큰 도움이 될 것이다. 따라서 중상류층 노인들을 대상으로 건강에도 좋고 먹고 싶은 음식들을 먹을 수 있도록 조리하여 배달하는 도시락 산업도 우리나라에서는 유망하리라 본다.

6. 노인 기능성 게임 시장

게임 하면 흔히 '중독'이라는 단어가 연상되는 것처럼, 게임은 몰입을 기본으로 하는 콘텐츠다. 그만큼 게임이 주는 재미는 다른 어떤 콘텐츠보다 뛰어나기 때문이다. 이러한 게임의 재미 요소를 다양한 분야에서 긍정적인 방향으로 활용하려는 시도가 활발하게 추진되고 있다. 대표적인 사례로 게임에 교육, 건강, 지식, 홍보 등의 다양한 기능적 요소를 결합함으로써 재미뿐만 아니라 실생활에 유용한 정보 및 가치까지 제공하는 기능성 게임이 있다.

기능성 게임의 시작은 오락실에 제2의 전성기를 불러온 'DDR(댄스 댄스 레볼루션)'이나 '펌프 잇 업' 같은 프로그램이었다. 당시만 해도 게임을 하면서 운동할 수 있다는 것은 파격적이었다. 기능성 게임의 상업적 성공 사례는 잘 알려진 닌텐도의 Wii와 휴대용 게임기인 DS다. 디지털 게임이 개인의 욕구를 충족하는 데 비해 Wii 스포츠 게임은 가족이 함께 각종 스포츠 경기를 직접 하는 것처럼 몸을 움직이게 하였다. 사용자는 Wii 게임을 하면서 동시에 운동 효과를 자연스럽게 얻을 수 있어 선풍적인 인기를 누렸다. 닌텐도 DS는 이동하면서 틈틈이 두뇌 트레이닝 및 각종 교육용 게임을 하는 과정에 지능 개발 및 치매 예방 효과를 얻을 수 있게 하였다.

노인 인구가 증가하면서 노인성 질환과 치매가 증가하고 있다. 이를 의료적으로만 해결하려고 하면 막대한 의료비용이 필요하지만, 기능성 게임 콘텐츠의 개발 보급은 의료비용의 감소와 더불어 다수에게 효과적으로 사용할 수 있다는 장점이 있다. 따라서 노인 인구의 증가와 함께 건강을 지키려는 노인이 늘수록 노인성 질환과 치매를 치료하거나 상태를 나아지게 하는 기능성 게임이 늘어갈 것으로 전망된다. 따라서 기능성 게임을 개발하는 것이 게임 산업의 대세를 이룰 것으로 보인다.

국내에서는 노인들을 위한 실버 기능성 게임 콘텐츠 개발을 위해 전남문화산업진흥원과 동신대가 공동으로 노인들의 하체 운동을 중심으로 한 자전거 게임, 두더지 게임, 상체 운동을 중심으로 한 실버 난타와 노 젓기 게임을 개발하였으며, 뇌 훈련 및 인지 능력 향상을 위한 그림자 밟기, 퍼즐 게임 등이 개발되고 있다. 그러나 아직까지 노인 기능성 게임은 노인 인구의 증가에 비하여 턱없이 부족한 실정이며, 다양한 노인들의 요구를 충족하기 위해서는 좀 더 많은 기능성 게임이 만들어져야 한다. 이러한 필요성에 의하여 국가나 정부 기관 차원에서 노인들의 치매 예방을 위한 게임 콘텐츠 발굴을 위해 기능성 게임 제작 지원 사업과 기능성 게임 아이디어 공모가 점차 증가하고 있다.

우리나라 노인 기능성 게임 시장이 닌텐도의 Wii처럼 아직 활성화되지 못한 이유는 기능성 게임을 통해서 고수익을 내지 못해 전문 기관들의 참여가 부족하기 때문이다. 노인 기능성 게임은 상품으로 출시가 되어도 구매력이 약한 노인들이 직접 개인적으로 구매하기보다는 관련 기관들이 구매를 해주어야 한다. 즉 기능성 게임 산업이 고수익을 낼 수 있는 산업이 되기 위해서는 노인을 위한 기능성 게임을 노인 병원이나 노인 요양 시설 등 노인이 이용하는 시설에 보급하고 자연스럽게 기관과 기업이 채택하는 구조가 되어야 한다.

7. 라이프 코치

라이프 코치(Life coach)는 원래 미국에서 20년 전 보험설계사들이 고객을 대상으로 재정적 문제뿐만 아니라 개인적인 고민까지 코칭해주면서 시작된 직업이다. 그러나 요즘에는 경영학리더십의 한 분야로써 자리를 잡아가고 있다.

오래전부터 라이프 코치 역사를 가진 미국 및 유럽 선진국에서는 라이프 코치가 보편적 직업으로 자리 잡았으며, 대중적으로도 인지도가 높다. 이러한 기반 위에 사회가 발전할수록 인기를 끄는 신종 직업이라는 인식 때문에 라이프 코치를 전업으로 갖는 사람들이 점차 늘고 있다.

우리나라에서는 라이프 코치라는 말이 들어오기 전에 선진국처럼 보험설계사들이 라이프 플래너라는 이름을 사용하였기 때문에 일각에서는 라이프 코치를 라이프 플래너로 이해하는 경우가 많다. 그러나 라이프 플래너와 라이프 코치는 엄연한 차이가 있다. 라이프 플래너는 고객의 재정적인 문제를 설계해주는 한정적인 의미로 쓰이나 라이프 코치는 한 사람의 인생 전반에 걸친 모든 부분들을 코칭해주는 의미로 사용한다.

라이프 코치는 아직까지 정확한 개념 정의나 직무분석이 이루어지지 않아 활동하고 있는 개인이나 단체에 따라 개념 정의나 직무에 대한 차이가 있다. 한국라이프 코치연합회에서는 라이프 코치를 '개인의 잠재능력을 발견하여 신속 정확하게 개인의 삶에서 일어날 수 있는 모든 문제해결이나 목표를 달성하도록 도와주는 강력하고 전문적인 촉진자'로 본다. 간단히 말하면 개인의 삶에서 생기는 모든 욕구를 해결해주는 전문가를 라이프 코치라고 한다. 그러나 라이프 코치는 너무 광범위하게 다루기 때문에 모든 문제를 해결하는 전문가가 되기 어렵다. 라이프 코치는 자신의 전문성을 바탕으로 코치라는 개념을 도입하여 직업이 세분화되고 있다.

코칭의 정의는 코치의 종류와 보는 시각에 따라서 다양하게 정의될 수 있다. 보통 코칭이라고 하면 스포츠 팀의 코치가 하는 일을 연상하기 쉽다. 워낙 일찍부터 스포츠 분야에서 선수나 팀을 훈련시키는 사람을 코치라고 불렀기 때문이다.

스포츠 분야에서 의미하는 코칭이란 전문적으로 양성된 사람이 선수와 팀의 능력을 시합장에서 최고로 발휘할 수 있게 연습과 시합의 전개를 지도하는 과정을 말한다. 따라서 코치는 선수와 팀이 원하는 목표를 달성하도록 도와주는 역할을 수행하며 함께 성공의 기쁨을 나누는 역할을 수행한다.

코칭은 점차 스포츠뿐만 아니라 비즈니스 코치, 라이프 코치, 커리어 코치 등 우리 일상에서 흔히 접할 수 있게 되었고, 일반적으로 그 사람 내부의 잠재력을 끌어내어 성과를 내게 하는 행위(코칭)와 그런 프로세스를 행하는 사람(코치)이라는 의미로 정착했다. 여기서는 전문적인 교육을 받은 사람을 코치(Coach)라고 한다.

1) 학습 코치

학습 코치는 학습 매니저, 학습 상담사, 학습 컨설턴트 등으로 불리며 공부 방법을 지도한다. 이 직업은 요즘 새롭게 만들어진 직업으로써 학교 교육과 학원 교육으로는 학습 목표에 도달하지 못한 학생들을 대상으로 학생들의 공부 문제와 자기주도적인 공부 습관을 길러주도록 상담하고 공부 방법을 지도해주는 전문가를 말한다. 대졸 학력에 은퇴 후 전문가 과정을 이수하면 쉽게 접근할 수 있는 직업이다.

2) 창업 코치

창업을 도와주는 유망 직업으로써 창업 코치가 있다. 사람은 누구나 자본이 있으면 자기 사업을 하고자 한다. 경기가 침체되는 시점에서 누가 창업하느냐고 말할지 모르지만 실제로 최악의 경기 상황 속에서도 우리나라의 사업자 수는 점점 늘어나고 있다.

창업 코치는 전문적 지식을 갖고 있다는 점에서는 창업 컨설턴트와 같지만 꼭 창업을 성공시켜 주는 직업이라는 점에서 차이가 있다. 이제 창업을 하고자 하는 사람들도 아이템만 가지고 무턱대고 창업하려 하지 않는다. 이들은 가맹법과 부동산법을 알고 상권 등의 미래시장을 분석해서 창업을 도와줄 수 있는 전문가를 찾고 있기 때문에 창업 코치도 유망한 직업이다.

3) 마케팅 코치

마케팅 코치는 기존의 홍보와 광고 대행으로 불리고 있는 직종이라고 할 수 있다. 누구나 창업을 하게 되면 필연적으로 홍보를 해야 하는데 기존의 방식으로 광고를 해서는 비용대비 효과를 보기가 어렵다. 따라서 무언가 특별하고 효과적인 마케팅을 위해서 마케팅 코치가 필요해지고 있다.

4) 커리어 코치

인적자원관리에 어느 정도 전문성을 가지고 있는 기업에서는 자체적인 커리어 개발 프로그램을 통하여 직원들의 커리어 개발과 관리를 해주고 있다. 그러나 사회 경험이 부족한 개인들은 커리어를 개발하고 관리하는 일이 쉽지 않다. 이러한 필요성에 의하여 요즘 부각되고 있는 직업이 커리어 코치다. 커리어 코치는 사람의 경력을 개발하고 관리해주는 일을 하는데 이러한 과정을 커리어 코칭이라고 한다. 커리어 코치는 한 개인의 진로를 좌우하는 매우 중요하고 의미 있는 직업이어서 이 때문에 커리어 코치가 되려는 사람들도 적지 않다. 따라서 앞으로 시장이 계속 커질 수 있는 미개척 분야이기도 하다. 현업에 대한 경험과 지식을 갖추고 있고 헤드헌팅 등 HR 분야의 노하우를 쌓는다면 미래의 전문가로 성장해 나갈 수 있는 유망한 직업인 셈이다.

5) 행복 코치

초고령화 시대가 되면서 최근에는 라이프 코치, 여가 코치, 건강 코치, 재무 코치, 심리 코치, 부모 코치, 노후설계 코치 등 행복에 관련된 직종들이 증가하는 추세에 있다. 사람들은 행복코치에게 비용을 지불하고 도움을 받는 비용에 대해 아까워하지 않고 노후를 설계하는 것에 적극적인 자세로 임하고 있다. 노후설계 전문가는 매우 유망한 직업으로 평생 동안 활용할 수 있으며 강사 자격을 취득한다면 더욱 활발하게 활동할 수 있다.

이 외에도 요즘에는 건강에 관심이 높아지면서 다이어트 코치(다이어트를 관리해주는 전문가), 스트레스 코치(스트레스를 관리해주는 전문가), 이어 코치(귀를 관리해줌으로써 신체를 편안하게 해주고 건강을 도와주는 전문가), 의료 관광 코치(국내 병원에서 진료 및 치료 서비스를 받고자 하는 외국인 환자를 위해 다양한 의료서비스와 관광을 연계한 프로그램을 기획하고 진행하는 전문가), 편식 코치(아동의 편식을 진단하고 치유를 도와주는 전문가), 헬스 힐링 코치(개인의 건강을 제3의학으로 치유해주는 전문가) 등이 주목을 받고 있다.

이러한 새로운 직업은 사회의 발달에 따라 더욱 다양해지고, 전문화, 세분화 될 것으로 예측한다. 뿐만 아니라 노후에 평생직업으로 할 수 있는 행복 코치는 시간이 지날수록 경력이 쌓여 나이가 들수록 높은 부가가치를 인정받을 수 있는 직업이기 때문에 지금이라도 미리 준비하는 것이 바람직하다

8. 노인 용품 제조

노령인구의 증가와 과학기술의 발달로 다양한 용품이 개발되고 있다. 나이가 들수록 일상생활이 불편해지기 때문에 불편한 생활을 돕는 노인 용품은 더욱 발전할 수밖에 없다. 더욱이 노인 인구의 증가로 인하여 노인 용품을 필요로 하는 사람들이 늘어나기 때문에 노인 용품을 제조하여 판매하는 일도 유망한 직업이 될 것이다.

김 씨는 70세 된 노인으로 5년 전에 상처를 하고 건강이 좋지 않아서 침대에 누워서 살고 있다. 그는 아침 7시부터 일어나서 하루 일과를 시작한다. 아침에 일어날 때는 말하는 알람시계 덕에 정확히 일어나며, 리모컨을 눌러 침대를 원하는 각도로 세울 수 있다. 물론 침대는 오랫동안 누워 있어도 욕창이 걸리지 않는 기능성 침대다. 김 씨가 일어나면 스마트TV가 켜지면서 노인과 관련된 기사들을 찾아서 읽어 준다. 8시에는 전화기에 붙은 편의점 그림을 눌러 도시락 배달을 부탁한다. 도시락이 도착하면 리모컨으로 현관문과 대문을 열어주어 방에까지 배달이 가능하다. 침대에서 식사를 마친 김 씨는 약을 먹는다. 약 봉투는 화장지 티슈처럼 한 개씩 꺼내 먹도록 되어 있는데, 한 끼라도 약이 없어지지 않

으면 자녀들에게 자동 문자로 이상이 있음을 알려준다. 김 씨는 목욕을 위해 전동차로 옮겨 타서 욕실로 향한다. 욕실은 샤워기까지 안전 손잡이가 있어 편하게 이동할 수 있다. 김 씨는 자동 안마기 기능이 있으면서 몸을 닦아 주는 기계에 몸을 맡긴다. 30분 정도 지나니까 온풍이 나와 몸을 말려준다. 김 씨는 다시 침대로 와서 스마트패드를 이용해서 중요한 정보를 검색하고, 친구들과 화상전화도 하며 페이스북이나 카페를 관리한다.

이는 현재 시판 중인 노인 용품을 사용하는 노인의 하루 일과를 재구성한 시나리오다. 앞으로 과학기술의 발달로 인해 노인 용품들은 더욱더 발전할 것이다. 지금까지 나와 있는 노인용품 몇 가지를 소개하면 다음과 같다.

1) 치매 목걸이

길을 잘 잃어버리고 집을 나가면 돌아오지 못하는 치매 걸린 노인들을 위한 목걸이다. 목걸이에는 연락처와 병력 등의 정보가 적혀 있다.

2) 기능성 신발

기능성 신발은 일반 신발보다 쿠션이 많아 무릎의 충격을 완화하여 관절염 등에도 효과가 있다. 또한 척추나 골반에 무리를 주지 않는다.

3) 전동 카

전동 카는 배터리를 이용하여 목적지로 이동할 있는 오토바이와 같은 것을 말한다. 전동 카는 걷는 것이 불편한 분들에게 아주 유용한 교통수단이고 가벼운 짐도 실을 수 있어 쓸모가 많다. 하지만 가격이 비싸서 경제적인 능력이 없는 노인들은 이용하기 어렵다.

4) 노인 위치추적기

치매 노인들이 어디 있는지 위치를 파악할 수 있는 기능을 가진 것으로 노인 위치추적기라고 한다. 치매 노인에게는 GPS를 이용한 휴대용 위치추적기를 달아주고 가족은 네비게이션을 가지고 있으면 노인이 이동하는 곳이나 머물고 있는 곳을 확인하여 문제가 생겼을 때 바로 찾아낼 수 있다.

5) 욕창 방지용품

노인들은 오랫동안 누워 있으면 등에 욕창이 생기기 쉽다. 따라서 욕창이 생기지 않도록 하는 제품들이 나오는데 그중에는 에어 매트리스가 있다. 에어 매트리스는 등이 모두 닿지 않고 공기의 유통을 도와주므로 욕창을 방지하는 기능을 가진 매트리스다.

9. 실버 해외여행 전문가

은퇴 후에 긴 여가시간을 가장 효율적으로 보내는 방법은 여행이다. 여행은 인생을 살면서 가장 기억나는 것 중 하나이고, 은퇴 후에는 노후의 삶에 활력소가 된다. 그러나 여행을 가기 위해서는 경제적인 여유나 건강이 뒷받침 되어야 한다. 요즘에는 여행하는 사람들이 증가함에 따라 은퇴 후의 여행도 급격하게 늘고 있다.

과거에는 지방에서 서울을 가거나 제주도를 방문하면 큰 여행이었지만 요즘에는 해외여행이 일반화 되고 있다. 한국보다 고령화가 먼저 진행된 일본에서도 은퇴자의 가장 큰 즐거움 가운데 하나가 해외여행이다. 그래서 70~80세가 넘은 노인들이 1년에 한 차례 이상 해외여행을 다녀오고 있다.

우리나라에서도 은퇴 후에 국내여행보다는 해외여행 인구가 증가하고 있으며, 그것도 가까운 동남아시아를 넘어 유럽이나 미국, 호주를 가고 있다. 그러나 여행은 경제적으로 여유가 있다고 해도 노후에는 건강이 나빠지기 때문에 점차 어려워진다. 실제로 나이가 들수록 시차 적응이 어렵거나 오래 걷지 못하기 때문에 일반인과 함께 해외여행을 가는 것이 어렵게 된다. 그래서 많은 노인들은 시간과 경제적인 여유가 충분함에도 불구하고 건강이 걱정되어 해외여행을 제대로 다니지 못한다. 이처럼 해외여행을 가고는 싶지만 못 가는 노인들을 위한 여행이 앞으로는 성장하게 될 것이다. 따라서 여행 경험이 있다면 노인 해외여행 전문가를 직업으로 삼는 것도 좋다.

노인 해외여행 전문가는 노인들을 대상으로 해외여행 프로그램을 계획하거나 직접 손님들을 데리고 외국 여행을 해주는 전문가를 말한다. 해외여행 전문가가 되기 위해서는 손님이 원하는 나라에 대하여 사전 정보를 가지고 항공권과 호텔을 예약하고 일정을 짜서 줄 수 있으면 된다.

노인들을 위한 해외여행은 단순히 보고 이동하는 것이 아니라 노인들의 욕구에 맞게, 건강이나 휴식, 학습을 주제로 한 테마여행으로 진행해야 한다. 그리고 건강할수록 먼 곳으로 가고, 점점 거동이 힘들어지면 가까운 곳으로 가는 것이 좋다.

고객들 중에는 이미 젊었을 때 많은 나라를 방문하고 여행한 사람들이 많기 때문에 이들까지 고려하기 위해서는 평범한 패키지 방식의 여행이 아니라 고객의 신체적 조건이나 취향을 고려한 맞춤식 여행으로 진행해야 한다.

노후에 하는 여행은 자신을 돌아보며 지적 호기심을 채울 수 있기 때문에 자신의 어려운 상황을 잊게 하는 데도 도움이 된다. 그리고 여행은 새로운 출발을 위한 계기가 될 수 있다. 또한 여행을 통해 새로운 인간관계를 맺거나 여행하는 취미를 갖게 되고 여행을 좋아하는 사람들과 지속적인 동호회 활동을 즐길 수도 있다.

제7장

주거생활

노인들은 나이가 듦에 따라 만성질환과 육체적·정신적 제약 등으로 인해 실버타운 같은 노인주거 시설에 대한 관심 및 의존도가 높아지고 있다. 이러한 범사회적인 고령화 현상에 대한 대비책으로 노후에 건강한 삶을 영위할 수 있고 노년층의 욕구와 취향에 맞는 주거 공간이 필요할 것이다.

1. 행복한 노후를 위한 주거 선택

은퇴 후 노후생활에 가장 필요한 것은 주거를 어디서 할지 선택하는 것이다. 노후생활을 위한 주거를 선택할 때 고려할 사항은 가족 지향형, 직장 지향형, 소비 지향형, 공동 지향형의 네 가지로 구분할 수 있다. 가족 지향형이란 노후 여가시간의 상당 부분을 가족과 함께 보내며 주거 이동의 이유가 가족 때문에 이루어지는 경우이다. 직장 지향형이란 노후에 일이나 직업적 가치를 높게 부여하는 유형으로 주거 이동의 이유가 자신의 직업에 충실한 주거 입지를 선택하는 경우이다. 한편 소비 지향형은 소비를 쉽게 할 수 있는 도심 접근성을 중요하게 여겨 주거 입지를 선택하는 경우이다. 공동 지향형은 공동체의식, 일체감, 소속감을 느낄 수 있는 지역으로 주거 이동을 하려는 경우이다.

〈표 7-1〉 노후의 주거를 선택하는 유형

구 분	내 용
가족 지향형	노후의 여가시간의 상당 부분을 가족과 함께 보내며 주거 이동의 이유가 가족 때문에 이루어지는 경우
직장 지향형	노후에 일이나 직업적 가치를 높게 부여하는 유형으로 주거 이동의 이유가 자신의 직업에 충실한 주거 입지를 선택하는 경우
소비 지향형	소비를 쉽게 할 수 있는 도심 접근성을 중요하게 여겨 주거 입지를 선택하는 경우

공동 지향형	공동체의식, 일체감, 소속감을 느낄 수 있는 지역으로 주거 이동을 하려는 경우

이러한 선호 유형을 바탕으로 어디서 살 건지를 선택했다면, 선택한 유형에 따라 주거 환경과 관련하여 안전성, 건강성, 편익성, 쾌적성 등을 고려하게 된다. 안전성은 생활공간 속에서 다양한 위험, 즉 생명과 재산에 미치는 위험을 방지하고 일상생활을 안락하게 유지할 수 있는 주거인지 고려하는 것이다. 건강성은 노후생활을 영위하는 데 있어서 갑자기 응급상황이 발생했을 때 큰 병원이 주변에 있는지, 각종 질병의 원인이 되는 요인으로부터 보호받을 수는 상태인지 알아보는 것을 말한다. 편익성은 노후생활을 하는 데 편리한지를 살펴보는 것을 말한다. 쾌적성은 정신적으로 충족하고 윤택하게 살기 위해 실내와 실외의 쾌적성을 생각하는 것을 말한다.

〈표 7-2〉 노후의 주거 환경

구 분	내 용
안전성	생활공간 속에서 다양한 위험, 즉 생명과 재산에 미치는 위험을 방지하고 일상생활을 안락하게 유지할 수 있는 주거인지 고려하는 것
건강성	노후생활을 영위하는 데 있어서 갑자기 응급상황이 발생했을 때 큰 병원이 주변에 있는지, 각종 질병의 원인이 되는 요인으로부터 보호받을 수는 상태인지 알아보는 것
편익성	노후생활을 하는 데 편리한지를 살펴보는 것

쾌적성	정신적으로 충족하고 윤택하게 살기 위해 실내와 실외의 쾌적성을 생각하는 것

또한 노후의 주거를 선택하기 위해서는 물리적 측면, 경제적 측면, 사회적 측면을 고려해야 한다. 물리적 측면은 주택유형, 주택규모, 주택구조, 방수, 내부시설, 주거 위치 등을 말한다. 경제적 측면은 주택시장조건, 주택 가격, 주택 관리 비용, 생활비용 등을 말한다. 사회적 측면은 이웃주민의 구성, 관리의 안정성, 주거 환경, 주거 서비스 등을 말한다.

〈표 7-3〉 노후의 주거 선택 고려 사항

구 분	내 용
물리적 측면	주택유형, 주택규모, 주택구조, 방수, 내부시설, 주거 위치
경제적 측면	주택시장조건, 주택 가격, 주택 관리 비용, 생활비용
사회적 측면	이웃주민의 구성, 관리의 안정성, 주거 환경, 주거 서비스

2. 노후 희망 주거 지역

은퇴 후 희망 거주 지역을 보면 부부가 건강할 경우엔 도시 근교를 선호하다가 혼자 거주하며 건강 악화 시에는 도심지를 선호하는 것으로 나타났다. 이는 부부가 건강할 때는 자연환경 등의 분위기가 주요한 주거 선택기준이 되는 반면, 열등한 상황에서는 주변 편익시설 및 교통 등을 중요하게 여기기 때문인 것으로 파악된다.

주택 형태는 대부분 아파트를 선호하고 있으며, 특히 혼자인 경우에는 모든 연구에서 아파트 거주를 희망하는 것으로 나타났다. 주택의 규모는 부부가 살 때는 비교적 다양하게 나타나지만 혼자일 때는 11~20평의 소규모를 희망하였다. 자녀와의 거주 거리에 대해서는 배우자 유무와 상관없이 건강할 때는 부부 혹은 혼자 거주하는 것을 선호하며, 건강이 악화되었을 때는 자녀와 함께 동거하는 것을 선호하였다. 주거 소유 방식은 모든 상황에서 자가 선호가 높았다. 이는 한국인의 주택 소유의식이 강하기 때문으로 사료된다. 한편 대부분 자가 소유를 원하지만 열악한 상황일수록 그 선호 비율이 낮아져 임대를 희망하는 집단도 늘어나는 추세이다.

농촌지역을 선호하는 이유는 주거 환경이 쾌적하기 때문이라는 응답이 가장 높았으며, 자연과 접할 기회가 많기 때문에, 복잡한 시내보다 전원 생활이 좋아서 순으로 나타났다. 그러나 도시내부를 선택한 응답자도 도시 외곽에 거주하길 희망하는 이유는 도시 생활의 편리성도 누리고,

현재 사는 곳에서 떨어진 지역보다는 계속 그 지역에 머물고 싶어 하는 속성 때문인 것으로 판단된다. 도시 내부를 선호하는 이유는 상업시설과 문화시설 등의 시설이용이 편리, 접근성, 의료 시설 이용 등의 순으로 나타났다.

은퇴 후 거주 희망 주택 유형에서는 도시외곽에 입지하는 농가주택을 포함한 전원주택이 반수 이상이었다. 그 이유는 은퇴 후 건강을 위해서라는 응답이 35.3%로 가장 높게 나왔고, 은퇴 후 취미생활 때문이라는 응답도 23.5%로 비교적 높게 나왔다. 다음으로 선호하는 유형은 도시 내 아파트로 대부분 생활에 편리하기 때문(80.0%)으로 응답하였다. 그 다음은 도시 내 단독, 도시외곽 실버타운, 도시 내 실버타운 순으로 나타났다. 따라서 은퇴 후 거주 희망 입지장소 등을 종합하면 은퇴 후 도시 생활보다는 도시 외곽이나 농촌지역에 가서 전원생활을 하면서 건강한 생활을 하고 싶어 하는 것으로 보인다.

3. 공간 축소

우리나라 베이비부머 세대는 부모를 모시는 마지막 세대이자 자식에게 버림받는 첫 세대라고 한다. 100세 시대임에도 불구하고 주택을 팔아 자식교육비와 결혼비용으로 지출하고 전셋집을 얻어 힘든 노후를 살아가는 사람들을 볼 수 있다. 노후준비를 제대로 하지 못하면 생활비가 없어 전세로 줄여가야 하고, 일생동안 살던 정든 동네를 떠나야 한다. 심한 경우 경제적인 어려움 때문에 주거비가 싼 시골로 이사 가서 외롭게 사는 사람들도 많다. 따라서 행복한 노후준비를 위해서는 부동산재테크 지식을 쌓고 은퇴 후 주거 문화에 대하여 어떻게 할 것인지에 대한 계획을 미리 세워놓아야 한다.

은퇴와 관련하여 3대 바보라는 말이 있다. 첫째는 재산을 자식에게 다 물려주고 용돈을 타 쓰는 사람이다. 둘째는 손주를 돌보기 위해 삶의 계획을 포기하는 사람이다. 셋째는 손주와 자식이 가끔 올 때 방이 모자랄까 봐 큰 집에서 사는 사람이다.

은퇴 또는 퇴직 후에는 불필요한 비용을 줄이기 위하여 작은 집으로 바꾸는 것이 필요하다. 주택의 규모를 줄여 작은 집에 살면, 주택을 팔고 남은 돈은 노후자금으로 사용할 수 있다. 뿐만 아니라 집이 작아지면 그만큼 가사노동이 줄어들기 때문에 여가활용 시간이 늘어난다. 작은 집으로 옮기면 저비용으로 도심에서 살 수 있다. 통계청의 2017년 '장래가구 추계'에 의하면 초고령화 시대로 인해 2030년도에는 2인 가구 수가 전체 인구의 반이 될 것이라고 한다. 일본은 고령자 인구가 늘어나면서 소형주택 보급률이 급상승하고 있다. 이것은 주택 규모를 줄이는 방법이 될 뿐 아니라 집 안 구조를 부부 중심으로 바꾸는 계기가 되기도 한다. 소형주택을 선호하면서 도심에 사는 이유는 노후생활에 가장 중요한 의료서비스 때문이다. 그리고 도시가 제공하는 교통시설, 문화생활을 즐길 수 있다.

4. 실버타운

나이가 들수록 거동이 불편해지고 편안한 생활을 원한다면 실버타운을 고려해야 한다. 실버타운은 원래 1960년대부터 미국 남부 지역을 중심으로 형성된 노인들의 주거 지역을 가리키는데, 실버타운이라는 단어는 한국에서만 쓰고 있는 용어다. 실버타운은 국가와 지방자치단체 등이 재정을 지원하여 운영되는 양로원이나 요양원과 달리 입주자들이 스스로 부담하는 입주금으로 운영되는 노인 거주단지를 말한다.

실버타운은 노후생활을 하는 데 필요한 의료 시설, 오락 시설, 체력단련 시설 등을 갖추고 식사 관리, 생활 편의, 건강 의료 등의 서비스를 제공하는 것을 목적으로 설립된 노인 시설이다.

노인들이 이를 제공받기 위해서는 일정한 비용을 지불해야 하는데 설립 주체나 운영 기관의 종류에 따라서 입주금이나 사용료가 매우 높은 편이다.

리서치 전문기업 스파이어리서치&컨설팅이 2014년 전국 30 여개의 주요 실버타운을 실제 방문 인터뷰한 결과, 실버타운 입주 후 소요되는 월 생활비는 평균 100~150만 원선인 것으로 조사됐다고 밝혔다. 단위 면적에 따른 월 생활비를 환산해 보면 전체의 60% 이상이 3.3 ㎡당 4~6만 원대인 것이다. 국내 노인 주택 중 최고의 시설로 꼽히는 용인의 '노블카운티'는 99m² 면적을 기준으로 입주보증금이 3억 1,200만 원이 필요하며, 생활비는 인당 133만 원(식비별도) 정도 들어간다. 따라서 실버타운은 아무나 들어갈 수 있는 것이 아니라 경제적으로 여유 있는 중상류층 노인들이 주로 입주하고 있다.

〈표 7-4〉 주요 실버타운 입주비용

그룹	실버타운명	넓이(평형)	입주보증금		평당 가격		위치
			금액(만원)	순위	금액(만원)	순위	
A	더클래식 500	56	92,000	1	1,643	1	서울 광진구
A	더헤리티지	52	75,000	2	1,442	4	성남시 분당구
B	명지엘펜하임	42	42,840	3	1,020	13	경기 용인시
B	노블레스타워	33	37,500	4	1,136	10	서울 성북구
B	서울시니어스가양타워	25	36,876	5	1,475	3	서울 강서구
B	정원속궁전	31	34,900	6	1,126	11	성남시 분당구
B	서울시니어스분당타워	25	32,692	7	1,308	6	성남시 분당구
B	서울시니어스강서타워	25	32,000	8	1,280	7	서울 강서구
B	삼성노블카운티	30	31,200	9	1,040	12	경기 용인시
B	골든팰리스	21	31,000	10	1,476	2	서울 종로구
B	그레이스힐	21	30,000	11	1,429	5	서울 강서구

	마리스텔라	24	29,100	12	1,213	8	인천 서구
	서울시니어스서울타워	23	27,300	13	1,187	9	서울 중구
c	유당마을	27	20,900	14	774	16	경기 수원시
	하이원빌리지	22	20,400	15	927	14	서울 용산구
	더케이서드에이지	32	16,000	16	500	20	경남 창녕군
	생명숲실버하우스	15	13,000	17	867	15	경기 용인시
	청심빌리지	22	10,563	18	480	21	경기 가평군
	동해약천온천실버타운	24	10,300	19	429	24	강원 동해시
d	포천실버타운	16	10,000	20	625	17	경기 포천시
	미리내실버타운	21	10,000	20	476	22	경기 안성시
	힌돌실버타운	17	9,000	22	529	18	부산 수영구
	수동시니어타운	16	8,100	23	506	19	경기 남양주시
	내장산실버아파트	28	7,100	24	254	28	전북 정읍시
	월명성모의집	15	6,600	25	440	23	경북 김천시
	공주양로원	15	6,000	26	400	25	충남 공주시
E	일붕실버랜드	15	5,000	27	333	27	경남 의령군
	백향그린실버타운	10	4,000	28	400	25	인천 강화군
	김제부영실버타운	23	3,670	29	160	29	전북 김제시
	더드림실버타운	5	480	30	96	30	전남 순천시

출처 : 스파이어리서치&컨설팅

실버타운은 일반적으로 편리하고 안락한 주거 시설과 의료 시설을 비롯해 여가를 활용할 수 있는 도서관, 아틀리에, 노래방, 국제 회의실, 금융센터, 여행사와 이·미용실과 같은 생활문화센터, 테니스, 골프, 배드민턴, 요가, 댄스, 에어로빅, 수영 등의 스포츠를 즐길 수 있는 스포츠센터를 구비하고 있는 곳이 많다. 또한 건강이 악화되거나 지속적인 간호가 필요할 경우 자체 개설하고 있는 너싱홈으로 옮겨 전문적인 간호 서비스를 받을 수 있다.

실버타운 중에는 관리 부실과 운영 업체의 도산 등으로 사회적 문제가 되고 있는 곳도 있지만 성공적으로 운영하여 투자 대상으로 떠오르는 곳도 있으므로 꼼꼼히 살펴보아야 한다. 또한 실버타운을 입주할 때는 자신의 경제적인 상황과 처지 등을 고려하여 합리적으로 선택해야 한다.

1) 입주 방식에 따른 분류

입주 방식은 분양형, 종신형, 회원권형, 임대형 등이 있고, 거주 형태에 따라 단독 주거형과 공동 주거형으로 나눌 수 있다.

(1) 분양형

분양형은 소유권을 모두 넘겨받는다. 입주자 재산권을 인정해주지만 의료 등 각종 서비스는 별도로 부담해야 하는 것이 단점이다.

(2) 종신형

종신형은 입주금 또는 보증금을 내고 평생 이용하는 주택을 말한다. 이용권을 보유하지만 다른 사람에게 양도하거나 상속하는 것은 불가능하다. 입주금은 토지대와 건설비 등을 감안해 책정된다.

(3) 회원권형

회원권형은 입주 자격을 회원권을 매입해 획득하는 방식이다. 가격은 종신 이용권과 비슷한 수준에서 결정된다. 소유권은 없고 관리비가 다소 비싸지만 다양한 서비스를 받을 수 있다.

(4) 임대형

임대형은 입주 때 보증금을 내고 매월 임대료를 부담하는 유형이다. 주택을 건립한 사업주가 관리와 운영을 책임진다. 조건이 맞지 않으면 자유롭게 계약을 해지할 수 있으나 임대료가 비싸거나 오를 수 있다.

2) 장소에 따른 분류

들어선 장소에 따라 도시형, 도시 근교형, 전원 휴양형 등으로 구분된다. 입주비용은 환경과 각종 서비스 내용 등에 따라 큰 차이가 난다.

(1) 전원형

전원형의 경우 가족과의 단절에 따른 외로움, 소통의 단조로움, 입주자들 간의 불필요한 경쟁의식에다 매번 비슷한 식사와 부실한 의료 시설,

여가·편익 시설의 부족 등이 꼽힌다.

(2) 도심 근교형

도심 근교형은 입지와 시설 면에서 전원형보다 만족도가 높지만 비교적 높은 입주비용이 걸림돌이다.

(3) 도시형

도시형 실버주택은 쾌적한 주거 환경보다는 교통, 의료 시설, 편익 및 여가 시설, 커뮤니티 시설 등을 완비하고, 개인별로 맞춤형 시설과 서비스를 제공하기 때문에 최근 들어 인기를 끌고 있다.

5. 주택전망과 모기지론

한국의 주택보급률은 2015년 기준 102.3%로 전체 가구 수에 비해 주택이 더 많은 상황이다. 그런데도 불구하고 주택 가격은 매년 오르고 있다. 한국보다 인구 구조가 10년 앞선 일본의 경우 1990년 이후 거품경제 붕괴 이후 주택을 비롯해 부동산 가격이 줄곧 하락했다. 일본도 자녀를 한두 명 두는 추세이기 때문에 부모와 장인 장모의 사망 뒤에는 주택을 물려받아 자연스럽게 1인 2주택을 보유하게 되었다. 그래서 빈집들이 점차 많아지고, 아파트에서 거주하는 사람들이 줄어 운영이 어려운 곳도 생겨났다. 또한 비인기지역에서는 주택 가격이 붕괴하였지만 생활 편의성이 높고 주변 여건도 좋은 도쿄 중심부 지역은 수요가 끊이지 않는다. 전국 평균으로는 주택 가격이 침체를 이어가고 있지만 도쿄 중심부의 인기지역은 늘 수요가 공급을 초과한다. 따라서 우리나라도 당분간은 인기가 높은 지역의 주택 가격은 쉽게 떨어지지 않을 것으로 예측할 수 있다. 그러나 지방에는 주택 공급과잉에 따른 한계상황에 도달하면서 가격 거품이 꺼지고 있고, 수도권에서도 공급과잉에 따른 후폭풍이 불기 시작했다. 뿐만 아니라 기존 거주 지역 주택의 노후, 절대 인구의 감소로 주택 보급률이 높아짐에 따라 주택 가격은 떨어질 것으로 예측하고 있다.

따라서 은퇴 후의 주택 관리를 위해서는 이런 동향에 잘 대응해야 한다. 요약하면 은퇴 후에 주택을 보유해야 할지, 보유한다면 어떻게 관리해야 할지를 고민해야 한다. 거주하고 있는 주택을 담보대출로 마련해서 은퇴할 때도 대출이 남아 있다면 전부 상환해야 부담을 줄일 수 있다. 다만 담보대출금이 너무 많이 남아서 전부 갚기 어려울 때는 팔고 현금으로 살 수 있는 주택을 구입하는 것이 좋다.

만약 은퇴 후에 살던 주택을 판매하고 판매자금을 은행에 넣어 놓고 노후자금으로 사용하고자 할 경우에는 꼼꼼히 따져봐야 한다. 주택이 없는 경우에는 결국 전・월세로 살아야 하는데 전・월세 비용도 생각해야 한다. 저축 이자는 1~2%대인데, 대출 이자는 3~4% 정도이다. 예를 들어 주택을 팔아서 은행에 넣어 두고 이자를 받아서 월세를 내려면 최소 2%~3%의 손해를 보게 된다. 그렇기 때문에 오랫동안 전・월세를 살수록 노후자금을 실속 없이 쓰게 된다. 따라서 은퇴하고 나서는 최소한 자신의 노후생활을 보내기 위한 주택 한 채는 가지고 있어야 한다. 은퇴하고 나면 인생의 대부분을 부부끼리만 지내야 하기 때문에 부부가 필요한 최소한의 면적을 고려해서 주택을 관리할 필요가 있다. 보유하고 있는 주택이 두 부부가 살기에 큰 평수라면 관리비를 줄이거나 청소를 줄이기 위해서도 꼭 필요한 조치라고 할 수 있다. 실제로 많은 부부들이 은퇴하면서 큰 집에서 작은 집으로 이사하는 경우가 많다.

뿐만 아니라 보유 주택은 나중에 노후자금이 부족할 경우 주택모기지론을 활용하면 노후자금을 여유 있게 사용할 수 있다. 모기지론은 주택자금 수요자가 은행을 비롯한 금융기관에서 장기저리자금을 빌리면 은행은 주택을 담보로 주택저당증권을 발행하여 이를 중개기관에 팔아 대출자금을 회수하는 제도이다.

주택모기지론은 모든 주택에 해당하는 것이 아니라 수도권, 광역시, 세종시, 인구 50만 이상의 도시에 있는 주택으로서 공시가격 9억 원 이하이면서 전용면적 102㎡ 이하 아파트에 대해서만 취급한다. 지원한도는 만기 20년, 30년의 변동금리로 상품 출시 시점의 금리수준은 1% 내외로 결정한다. 대출 금리는 전체 대출기간 30년 중 7년간은 초저금리로 적용하고, 8년째부터는 시중 주택담보대출 금리수준으로 전환된다. 대출기간은 만기 20년, 30년의 변동금리로 적용한다.

노후자금이 충분하지 않은 사람들에게 주택모기지론을 통해서 노후자금을 충당할 수 있는 제도이긴 하나 결국 주택을 담보로 대출하는 것이기 때문에 신중하게 고려해야 한다.

6. 귀농귀촌

귀농귀촌은 노후에 안정적인 소득을 얻기 위한 생산을 한다는 면에서 대도시 주변의 전원주택에 사는 전원생활만을 뜻하지 않는다. 농어촌에서 직접 생계를 위해 수익을 얻는다는 측면에서 많은 사람들이 선호하고 있다.

전원주택의 꿈을 위해서 텃밭을 가꾸면서 자연과 더불어 사는 삶이란 모든 사람이 갈망하는 꿈이 아닌가 생각한다. 그런데 전원주택의 양면성을 고려해 신중히 결정하고 행동해야 한다. 당장 매매가 쉽지 않고, 문화시설과 병원시설이 적으며 긴 여가시간을 어떻게 보낼까에 대한 사전 구상이 필수적이다. 넓은 마당에 뛰노는 강아지, 텃밭에 자라는 유기농 야채, 신선한 공기, 싱그러운 바람, 향기로운 꽃향기 등등 그곳에서 배우자와의 커피 한잔은 은퇴자의 꿈이다.

우리는 전원주택 생활에 대한 꼼꼼한 준비와 대비를 해야 꿈을 이룰 수 있다. 우선 전원주택을 마련한려면 다음을 고려해야 한다.

첫째, 입지를 가장 먼저 생각해야 한다. 도시 생활에 익숙한 사람은 아주 불편할 수 있기 때문이다. 쇼핑센터, 문화 공간, 병원, 여가 활동이 가능한 곳을 선택해야 한다. 수도권, 위성 도시 등이 인기 있는 이유도 이 때문이다.

둘째, 전원주택의 장단점을 파악해야 한다. 공동주택 생활에서 예상치 못한 문제(수도, 전기 수리 등등)가 발생할 수 있다. 이런 문제들을 포함해 보안, 경비 시스템이 미약하여 스스로 해결해야 하는 부분이 있다. 본인이 해결하기 어려운 문제가 발생하는 것이 부담일 수 있다. 또한 환금성이 매우 낮다는 단점이 있다.

셋째, 여가 시간을 보낼 소일거리를 찾아야 한다. 매일매일 자기 시간이 보장되어 있기 때문에 무료함을 달랠 무엇인가가 필요하다. 여가 시간을 잘 보내지 못하면 전원생활이 별 의미가 없다. 예를 들어 텃밭 가꾸기, 그림 그리기, 글쓰기, 요가, 운동 등 다양한 취미 생활이 필요하다.

넷째, 가족의 동의가 필요하다. 설문조사에 의하면 전원주택에 살고 싶다는 배우자의 대부분은 정작 선호하지 않는 것으로 나타났다. 전원주택을 선호하는 남성들의 아내들 중 20%만이 전원주택을 찬성한다. 여성은 남성과 달리 살던 지역의 인간관계 및 문화 혜택을 중시하기 때문이다.

다섯째, 은퇴 후 생활할 은퇴 소득 확보가 중요하다. 도시 생활과 전원생활도 생활비는 미리 확보해야한다. 연금자산, 배당 등 일정한 금액이 필요하다. 전원생활은 젊을 때와 다르게 적응력이 떨어지므로 철저한 준비가 필요하다. 은퇴 전 미리미리 준비한다면 보다 쉽게 행복한 은퇴 생활을 즐길 수 있다.

제8장

치매예방

고령화가 점차 증가하는 추세인 우리나라는 통계청에 자료에 의하면, 알츠하이머형 치매의 경우 71.3%에 달하며 혈관성 치매는 16.9% 그리고 기타 치매는 11.8%인 것으로 밝혀졌다. 그 중에서도 65세 이상 노인 인구의 25%가 넘는 것으로 밝혀져, 향후 치매 환자의 급증에 따른 심각한 사회 문제가 예상되고 있다.

1. 치매의 이해와 원인

치매(dementia)란 정신 이상을 의미하는 용어인 라틴어 Dementatus에서 유래되었다. 뇌의 만성 또는 진행성 질환에서 생기는 증후군으로 이로 인한 기억력, 사고력, 지남력, 이해력, 계산능력, 학습능력, 인지기능과 고등정신기능이 쇠퇴되는 대표적인 질환이다. 단기적 · 장기기억장애가 특징적으로 나타나며 판단장애 성격변화, 추상적 사고장애, 고위대뇌 피질장애 등이 점차 동반됨으로써 직업이나 일반적인 사회활동 또는 대인관계에 어려움을 겪게 되는 복합적인 증후군이라고 정의할 수 있다.

치매(癡呆)는 늙어서 망령(妄靈)이 든다는 '노망(老妄)'과는 구별되어 쓰이는 용어이다. 노망은 신체 노화에 따른 자연스러운 현상인 반면 치매는 의학적 관찰로 진단되는 병적인 노망을 뜻하는 말로 특정 원인이 있어 치료의 대상이다. 또한 '건망증'과도 증세가 다르게 나타나는데, 건망증은 깜빡 잘 잊어버리고 다시 기억이 되돌아오지만 치매는 그렇지 않다.

노인의 건망증은 뇌신경의 퇴화라는 것 외에도 복합적인 심리적, 정서적인 요인으로 나타나기도 한다. 불안감이나 우울증을 겪고 있거나, 심각한 스트레스 상황에 지속적으로 노출되면 집중력의 저하로 인해 일시적인 건망증이 흔히 일어난다. 이는 기억의 문제라기보다는 오히려 그 상황에 의한 집중력에 문제가 생기는 경우라고 할 수 있다.

1) 치매의 특징

치매로 판정하기 위해서는 증상을 분석해야 하는데 첫째, 치매는 선천적인 것이 아니고 후천적으로 나타난 현상이어야 한다. 둘째, 뇌의 부분적 손실로 인한 증상이 아니라 전반적인 손상으로 인해 정신증상으로 나타난다. 셋째, 기억, 지능, 인격기능의 장애가 전반적으로 있어야 한다. 넷째, 의식의 장애가 없어야 한다. 치매는 정상적인 뇌가 후천적인 질병이나 외상 등의 이유로 손상을 입고 인지기능과 고등지식학습의 기능이 떨어지는 복합적인 증상이기 때문에 유전적 요인이라고 보지 않는다.

2) 치매의 원인

치매의 원인은 한 가지 원인에 의해 생긴 것이 아니라 여러 가지 원인에 의해 발병된 최종적인 결과나 상태를 말한다. 치매의 원인이 되는 질환으로는 내과, 신경과 및 정신과 질환 등 70여 종류로 알려져 있다.

① 알츠하이머 치매 : 치매의 가장 일반적인 형태로 나이가 들어 뇌가 퇴행되면서 생긴다.
② 혈관성 치매 : 치매 이유 중 두 번째로 많은 것으로 뇌혈관의 순환장애와 관련된 질환으로 생긴다.
③ 파킨슨병 : 중추신경계에 발생하는 진행성 질환으로 생긴다.
④ 피크병 : 뇌의 전두엽이나 측두엽이 손상되어 언어상의 장애가 먼저

나타난다.

⑤ 음주 : 알코올에 의한 뇌손상

⑥ 외부 충격 : 외부 원인에 의한 뇌손상

⑦ 정신 장애 : 불안·초조·우울증 등

⑧ 기타 질병 : 크로이츠펠트-야콥병, 헌팅톤병, 후천성면역결핍증(HIV) 감염.

3) 치매 실태

알츠하이머 치매는 가장 흔히 발생되는 치매로 전체의 약 50%를 차지하고, 혈관성 치매는 약 20%, 알츠하이머 치매와 혈관성 치매가 동시에 발생하는 경우는 약 15%인 것으로 알려져 있다.

알츠하이머협회(ADI)와 세계보건기구(WHO)는 1994년 영국 에딘버그에서 열린 총회에서 매년 9월 21일을 '세계 치매의 날'로 정했다. 의학계에 보고된 현재 연령별 치매환자 비율은 70대는 3%, 75~79세는 18.2%로 나타났다.

치매 환자에 대한 통계청 자료(2012년)에 의하면, 알츠하이머 치매는 71.3%에 달하며 혈관성 치매는 16.9%, 기타 치매는 11.8%인 것으로 나타났다. 또한 치매 위험은 65~69세에 비해 70~74세가 2.15배, 75~79세는 3.76배, 80~84세는 5.7배, 85세 이상은 39.68배로 고령자일수록 높았다.

치매는 나이가 들수록 많아지며, 고학력자보다는 저학력자, 남성보다는 여성이 치매에 노출될 확률이 높은 것으로 나타났다. 우리나라는

2020년에 이르러 치매 노인 인구가 적게는 50만 명에서 많게는 92만 명이 발생하고 2050년에 이르면 약 133만 명에서 260만 명 정도의 치매 노인이 생겨날 것으로 예상한다.

2. 치매의 진행 속도

알츠하이머병의 진행속도는 환자마다 다른데 뉴욕의대의 실버스타인 노화와 치매연구센터(Silberstein Aging and Dementia Research Center)의 배리 라이스버그(Barry Reisberg) 박사가 제시한 알츠하이머병 진행의 7단계를 기반으로 한다.

1) 1단계 : 정상

대상자는 임상 면담에서도 기억장애를 나타내지 않는다.

2) 2단계 : 매우 경미한 인지 장애

정상적인 노화과정으로 알츠하이머병의 최초 증상이 나타나는 시기이다. 기억력이 떨어지며 건망증 증상이 나타나지만 임상 평가에서는 치매 증상이 발견되지 않으며 주변 사람들도 이상을 느끼지 못한다.

3) 3단계 : 경미한 인지장애

대상자 중 일부는 알츠하이머병 초기 단계로 진단이 가능하다. 주변 사람들이 대상자의 인지기능 저하를 눈치 채기 시작하는 단계다. 단어가 금방 떠오르지 않아 말이 자연스럽지 않고, 물건을 엉뚱한 곳에 두거나 잃어버리기도 한다.

4) 4단계 : 중증도의 인지장애

경도 또는 초기 알츠하이머병이다. 이 단계에서는 자세한 임상면담을 통해서 여러 영역에서 분명한 인지저하 증상을 확인할 수 있다. 자신의 생활에서 일어난 최근 사건을 잘 기억하지 못하고 계산능력이 저하된다.

5) 5단계 : 초기 중증의 인지장애

중증도 또는 중기의 알츠하이머병이다. 이 단계에서는 기억력과 사고력 저하가 분명하고 일상생활에서 다른 사람의 도움이 필요해지기 시작한다. 집 주소나 전화번호를 기억하기 어려워하며 길을 잃거나 날짜, 요일을 헷갈려 한다. 하지만 자신이나 가족의 중요한 정보는 기억하고 있으며 화장실 사용에 도움을 필요로 하지는 않는다.

6) 6단계 : 중증의 인지장애

초기 중증 또는 중기의 알츠하이머병이다. 이 단계에서는 기억력이 더 나빠지고 성격 변화가 일어나며 일상생활에서 많은 도움이 필요하게 된다. 최근 자신에게 일어났던 일을 인지하지 못하고 주요한 자신의 과거사를 기억하는 데 어려움을 겪는다. 익숙한 얼굴과 익숙하지 않은 얼굴을 구별할 수는 있으나 배우자나 간병인의 이름을 기억하는 데 어려움이 있고, 대소변 조절을 적절히 하지 못한다. 겉옷 위에 잠옷을 입는 등 도움이 없이는 적절히 옷을 입지 못하며 배회하며 길을 잃어버리는 경향이 있고 성격이나 행동에 많은 변화가 생긴다.

7) 7단계 : 후기 중증의 인지장애

중증 또는 말기 치매이다. 마지막 7단계에서는 이상 반사와 같은 비정상적인 신경학적 증상이나 징후가 보인다. 식사나 화장실 사용 등 개인 일상생활에서 상당한 도움을 필요로 한다.

3. 치매로 인한 장애

1) 기억력 장애

치매환자에게 가장 흔하게 나타나는 증상이 기억력 장애다. 기억력 장애는 알츠하이머병뿐 아니라 모든 치매에서 공통적으로 나타날 수 있는 증상으로서 초기에는 단기 기억력의 감퇴가 주로 나타나며 점차 장기 기억력도 상실하게 된다.

건강한 사람은 일상에서 얻어지는 인상을 머릿속에 저장하였다가 다시 기억과 회상을 하는 뇌 활동의 반복이 끊임없이 이루어진다. 이것이 바로 기억을 해내는 과정인 것이다. 사람의 뇌는 20대 이후 점차적으로 쇠퇴하여 나이가 들수록 뇌세포도 죽게 된다. 한번 파괴된 뇌세포는 다시 재생되기 어렵지만 다행히도 인간의 뇌세포는 우리가 상상할 수 없을 만큼 많아서 나이 변화에 따르는 뇌세포의 감소가 일상생활을 위협하지 않는다. 그러나 치매노인의 기억력 장애는 건강한 노인의 노화로 인한 건망증과는 차이를 보인다.

노인의 치매는 기억 장애 즉 뇌의 병변에 의해 발생되며 경험을 모두 기억하지 못하고 판단력이 흐려지게 된다. 이러한 경우 노인 본인이 지각하지 못하여 평소 일상생활을 하는 데 있어서 지장을 초래한다.

(1) 단기기억 감퇴

주로 치매 초기에 나타나는 특징이며 최근에 일어난 사건에 대한 단기기억의 상실이 장기기억의 상실에 비해 두드러지게 나타난다. 단기기억장애는 의사소통에서 똑같은 말을 반복하거나 더듬고, 익숙한 장소에서도 방향감각을 잃어버리며, 친구와의 약속, 약 먹는 시간, 심하면 친구, 가족의 이름, 전화번호 등을 잊어버리기도 한다. 또 물을 사용하다가 그대로 틀어 놓는다거나 전기장판이나 가스 불을 끄지 않은 채 그대로 내버려 두어 화재 위험에 노출되기도 한다. 그리고 치매환자는 본인이 기억의 나지 않는다는 것을 인정하고 싶지 않으므로 기억을 보충하기 위하여 거짓말을 만들어 말하는 작화증이 나타나기도 한다.

(2) 장기기억 감퇴

치매의 진행이 오래되어 심해지면, 비교적 잘 유지해왔던 장기기억에도 문제가 생겨 본인의 생일도 기억하지 못한다. 이러한 문제를 방치하면 가족의 얼굴조차 잊어버리기도 한다.

2) 언어 장애

단어가 금방 떠오르지 않아 말이 자연스럽지 않지 않으며, 끊기는 장애를 말한다. 언어 장애는 기억력 감퇴와 마찬가지로 치매 초기에는 경미하게 나타나나 치매가 더욱 진행되면 점차 이야기하는 능력을 잃게 된다.

3) 시공간능력의 장애

시공간능력의 장애는 시공간을 인식하는 능력에 장애가 생기는 것을 말한다. 시공간능력에 장애가 생기면 익숙한 거리에서 길을 잃거나 심하게는 집 안에서 방이나 화장실 등을 찾아가지 못하는 증상으로 발전한다. 또한 자동차를 운전할 경우 목적지를 제대로 찾아갈 수 없는 상황을 초래하기도 한다.

4) 판단력 장애

무엇을 결정할 때 시간이 걸리거나 잘못 결정하는 장애를 말한다. 치매 환자가 이 증상을 보이게 되면 직장뿐만 아니라 가정에서도 뚜렷한 이상이 있는 것으로 인식된다. 사물의 모양이나 색깔은 파악하더라도 사물을 인지하지 못하거나 그 의미를 파악하지 못하여 그 사물이 무엇이며 용도를 모른다. 판단력이 흐려져 결정을 잘 못하거나 돈 관리를 제대로 하지 못하며, 필요 없는 물건을 구입하기도 한다.

5) 행동 장애

공격적 행동이 나타나 자해하거나 타인에게 위해를 끼치는 것을 말한다. 환자가 특이한 행동을 하거나, 신체적 장애를 입을 수 있는 사고의 위험성이 더해진다.

6) 인격 변화

본래 가지고 있던 성격이 바뀌고 자신의 행동이 다른 사람에게 미치는 영향에 대해 개의치 않는 것을 말한다. 치매환자의 인격 변화는 환자의 가족들을 가장 괴롭히는 양상이다. 편집증적인 망상을 가지고 있는 치매환자는 전반적으로 가족들과 간호하는 사람에게 적대적이다.

7) 실행능력 장애

감각 및 운동기관이 온전한데도 불구하고 해야 할 행동을 실행하지 못하는 것을 일컫는다. 운동화를 신을 때 끈을 매지 못하거나 식구 수대로 식탁을 차리는 일에 어려움을 느끼고, 옷을 입는 단순한 일조차 하지 못한다.

8) 신체적 장애

신체적 장애는 비교적 후기에 나타나는데, 시간이 갈수록 보행 장애로 인하여 주로 의자나 침대에서만 지내게 되며 전신의 근육 경직이 나타나고 요실금 또는 변실금이 빈번해진다.

9) 지남력 감퇴

자신이 있는 곳이 어디인지, 현재 몇 시인지, 내 주위에 있는 사람이 누구인지 모르게 된다. 시간, 장소, 사람에 대한 기억 장애 및 기억 상실의 순으로 진행된다.

10) 정신 장애

불안, 초조, 우울증, 심한 감정의 굴곡 및 감정 실종, 무감동 등이 발생한다. 환청, 환시, 환촉 같은 감각기능사의 장애가 발생하며, 피해망상증이 흔히 발생하기도 한다. 또 행동장애로는 공격적 행동이 나타나서 자해하거나 타인에게 위해를 끼친다.

4. 치매 예방과 치료방법

1) 치매예방 10개조

치매 예방을 위해서는 생활에서 피해야 할 부분들은 하지 말아야 예방이 가능하다. 다음은 누구나 생활 속에서 실행할 수 있는 생활습관이다.

① 식사는 자신이 먹을 수 있는 양의 80% 정도로 한다.

② 술을 적당하게 마신다.

③ 운동을 꾸준히 한다.

④ 소일거리를 찾아 행한다.

⑤ 몸가짐을 바로 하도록 신경을 쓴다.

⑥ 난청과 시력장애가 치매를 일으킬 수 있기 때문에 치료한다.

⑦ 유행에 민감하게 따라간다.

⑧ 다른 사람이 말하는 것에 귀를 기울인다.

⑨ 새로운 정보를 항상 접하고 발산시킨다.

⑩ 사람들과 자주 만나서 많은 대화를 한다.

2) 일반적 치료

(1) 환경 조절

인지기능, 특히 기억력을 증진시킬 수 있는 적절한 자극이 있는 일상생활을 유지하고, 환자의 자존심을 유지할 수 있도록 한다. 밤에는 전등을 밝혀둔다.

인지기능이 심하게 감퇴된 경우에는 이름, 주소, 전화번호 등이 새겨진 명찰을 부착시키는 등 안전 관리에 유의한다.

(2) 심리적 조절

외부자극을 받아들이는 시각, 청각기능을 검사하여 이상이 있으면 적절히 교정해준다. 주위환경에 적절한 자극을 유지하도록 한다. 일상생활에서 해야 할 일들을 복잡하지 않고 단순하게 하도록 도와준다. 개인의 필요와 대처능력에 맞는 일들을 자율적으로 할 수 있도록 자율성을 최대한 고취시킨다. TV나 신문은 매일 보도록 하여 외부세계의 정보를 얻어서 현실감을 유지하도록 한다.

3) 약물치료

① 아세틸콜린 분해효소 억제제 : 뇌의 신경전달물질인 아세틸콜린의 감소를 보충해 주는 약이다. 뇌손상이 심하지 않은 경도 및 중등도 환자에게 효과가 나타난다.

② NMDA수용체 길항제 : 중등도 이상으로 진행된 알츠하이머병에 대해서 사용한다.

③ 비타민 E와 셀레질린 : 황산화제로서 자유 라디칼(free radical)이라고 부르는 독성 물질에 의하여 뇌 세포가 파괴되는 것을 막아주는 역할을 한다.

④ 비스테로이드성 항소염제 : 비스테로이드성 항소염제를 규칙적으로 복용하고 있는 관절염 환자들은 통증치료로 타이레놀을 복용하거나 아니면 이러한 약재들을 복용하고 있지 않은 환자들에 비하여 알츠하이머병의 발병률이 낮은 것으로 나타났다.

5. 문제 행동에 대한 대처방법

치매는 여러 가지 문제 행동이 나타난다. 문제 행동에 따른 대처방법은 가족의 다음과 같은 도움이 필요하다.

① 기억력 감퇴 : 메모 등을 이용해서 적어 둔다.

시계, 달력을 걸어 두고 자꾸 인식한다.

외출할 때는 연락처가 적힌 명찰을 옷에 붙여주거나 신원확인 팔찌를 착용하게 한다.

② 언어와 의사소통 장애 : 보호자와 함께 단어를 찾는 훈련을 한다.

③ 운동기능 장애 : 슬리퍼를 사용, 식사 시 수저를 사용하기보다는 손가락으로 먹게 한다.

④ 일몰증후군 : 오후가 되면 상태가 더욱 나빠지는 경향이 있다. 밤에는 불을 켜놓는다.

⑤ 공격적 난폭한 행동 : 간호인은 치매 노인의 문제행동을 예방하거나, 대처하는 방법을 알고 간호를 하면 문제행동을 감소시킬 수 있다.

⑥ 비명, 고함 : 주의를 환기시켜 본다.
손을 잡아주며 다정히 대해준다.

⑦ 반복행동 : 반복행동은 요구사항이기 때문에 짜증이나 화를 내지 않도록 한다.

⑧ 의존적인 행동과 초조 불안 : 관심을 끌 만한 것을 제공하여 주위를 환기시킨다.

⑨ 집안, 부엌의 안전 점검 : 환경을 단순하게 한다.
위험한 물건은 치운다.
층계에는 잡기 쉬운 손잡이나 난간을 만들도록 한다.
층계 끝이 잘 보이도록 색 테이프를 붙인다.
애완동물은 키우지 않는 것이 좋다.
음식물을 잘 보관하여 환자가 마음대로 음식을 먹지 않도록 한다.
부엌의 가스관은 꼭 밖에서 잠근다.
하수구에 귀중품을 버리는 경우가 있으므로 배수관에 망을 씌워둔다.

⑩ 실금 · 실변 증상의 관리 : 수분과 섭취하는 음식물의 질과 양을 조정한다. 취침 전 2시간 전을 제외하고 낮 동안에는 충분한 수분을 섭취하게 하는 것이 방광의 건강유지에 유익하다.

식사나 간식을 먹고 나면 30분 후에는 반드시 화장실로 모시고 가서 배뇨와 배변을 하도록 습관을 길러 준다.

비뇨기적 검사나 부인과 검진을 받도록 한다.

화장실을 찾지 못하여 실금이 있다면 문을 항상 열어 놓고 기저귀를 사용한다.

⑪ 안전사고 및 위급한 경우의 대비 : 기본적인 응급처치 방법을 알아 둔다.

긴급연락처 전화번호(치매상담자, 병원, 소방서, 경찰서 등)를 알아 둔다. 도움을 청할 수 있는 가까운 가족, 친척, 이웃, 친구 등 연락처를 알아 둔다.

⑫ 가족 간호 관리 : 환자가 실수하거나 잘못하는 경우에도 화를 내지 않는다. 환자에게 칭찬을 해주고 친절하게 대한다. 환자가 수치스러운 이상행동을 했을 때 수용한다. 가족들이 환자와 질병에 대한 느낌을 표현하도록 하고 정서적 지지를 해준다. 가족들에게도 환자로부터 벗어날 수 있는 시간을 준다.

제9장

아름다운 마무리

누구나 인생을 아름답게 마무리하기를 원한다. 인생의 마지막 시기를 보람 있게 보내고 사후에 사랑하는 가족에게 아름다운 정신적·물질적 유산을 남기는 것은 모두가 바라는 일이다. 아름다운 삶 못지않게 아름답게 마무리하고 떠나는 것도 준비가 필요하다.

1. 자산 정리

자신이 가진 재산이나 권리는 죽을 때 가지고 갈 수 없다. 따라서 자신이 죽거나 죽기 전에 자신이 가진 재산이나 권리를 자녀나 배우자에게 상속과 증여를 할 수 있다. 상속은 본인이 사망한 이후에 발생하며, 증여는 생전에 본인의 의사에 따라 행해진다는 차이가 있다. 요즘에는 사회에 환원하기를 원하는 사람도 늘어서 자녀들에게 상속하고 일부를 사회 환원하기도 하지만 전액을 사회 환원하는 경우도 있다.

평생 모은 재산을 자녀에게 물려주거나 사회에 환원할 때에는 본인이 사망한 후에 상속하는 방법과 사망하기 전에 증여하는 방법이 있다. 상속이나 증여를 하면 세금을 내야 하는데 미리 계획하면 세금을 줄일 수 있다.

1) 상속 유형

한국보건사회연구원의 100세 시대 대응 국민인식 조사결과를 보면 최근에는 상속에 대한 인식도 다양해지고 있다. 평균수명이 늘어나면서 사망 후에 상속하려는 사람이 가장 많지만, 상속재산의 사전증여와 사회 환원에 대한 관심도 높게 나타났다. [그림 9-1]처럼 본인의 사망 후에 법정상속이 26.7%, 사망 후 유언상속이 20.9%로 나타났다. 사망 전에 사전증여를 하겠다는 경우도 34.2%에 이르렀고, 사회 환원을 원하는 사람은 17.7%로 나타났다.

사회 환원은 말 그대로 자신의 재산을 사회로 환원하는 것인데 사회단체나 학교, 기관에 기부하거나 권리를 넘기는 것을 말한다. 사회 환원에는 세금이 없다.

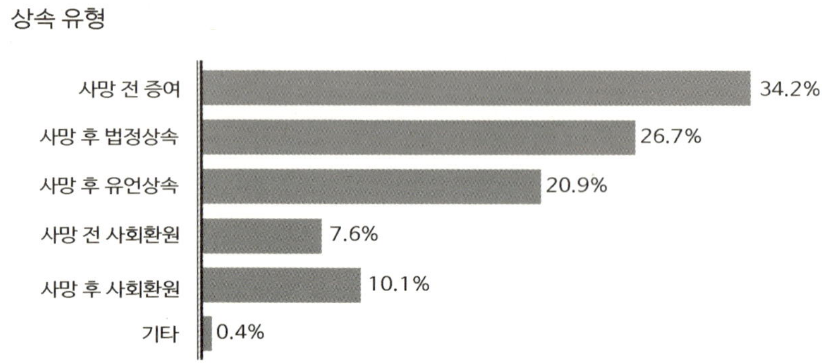

[그림 9-1] 상속 유형

출처 : 한국보건사회연구원(2011). 〈인생 100세 시대 대응 국민인식 조사결과〉.

2) 가족 간 분쟁방지

대법원에 따르면 자신의 법정 상속분의 절반도 못 받았을 경우 공동상속인인 형제자매를 상대로 내는 유류분 소송이 지난해 1,091건 접수됐다. 2006년만 해도 202건에 불과했으나 10년 새 다섯 배로 늘었다. 상속재산분할 심판 청구도 1,223건 접수됐다. 부모가 성년인 자식을 상대로 내는 부양료 소송도 270건 제기됐다. 합치면 총 2,786건이다. 지난해 하루 7건 꼴로 혈연이 해체된 셈이다. 주로 부모의 상속재산을 두고 벌어지는 분쟁이 많다. 따라서 상속과 관련하여 사전에 준비하지 않으면 본인의 사후에 가족이 재산문제로 다툼을 벌이고 법정까지 가게 될 수도 있다.

분쟁의 소지를 줄이는 방법으로는 사망 이전에 본인의 뜻에 따라 증여하고, 재산을 누구에게 어떠한 형태로 상속할 것인지 계획을 세워야 한다. 그리고 성공적인 상속을 위해 상속 전에 가족들과 충분한 대화를 통해 서로 갈등이 생기지 않도록 충분한 설득이 필요하다. 만약 이러한 작업을 하지 않게 되면 형제간의 분쟁이나 재산문제로 법정에 서야 할 수도 있다. 따라서 재산을 증여하거나 상속할 때는 최대한 객관적 입장에서 분쟁이 일어나지 않도록 해야 한다.

3) 자녀리스크

성장한 자녀가 결혼자금이나 생활비, 사업자금 등을 요구하면서 부모의 노후자금을 노리는 경우를 자녀 리스크라 한다. 자녀의 독립심을 키우지 않으면 평생 부모에게 짐이 될 수 있다. 자녀에게 물고기를 잡아주는 것이 아니라, 물고기 잡는 법을 가르치는 것이 무엇보다도 중요하다. 자녀가 의존적 태도를 갖지 않도록 지혜로운 자산 관리법, 현명한 금융생활을 가르칠 필요가 있다.

부동산신탁과 유언대용신탁은 부모가 자녀에게 부동산을 물려줄 때, 가장 고민하는 것 중 하나는 자녀가 부동산 이해도가 떨어지고, 관리능력이 부족하다는 점이다. 미리 증여하면 자녀가 부모에게 소홀해질 수 있고, 증여한 부동산을 지킬 수 있을 것인가에 대한 의문이 남는다. 이런 문제점을 해결하고 보유한 부동산을 안정적으로 운영할 수 있는 도구로 부동산 신탁을 이용할 수 있다.
유언대용신탁은 상속의 설계나 집행을 대행하고, 자녀가 재산 관리 능력이 생길 때 까지 관리를 도와준다. 자녀가 무리하게 요구하거나 아직 부동산 이해가 부족하다면 유언대용신탁을 고려해 볼 수 있다.

2. 상속 및 증여

1) 상속

상속은 일반적으로 사람의 사망으로 인하여 일정한 친족관계가 있는 사람에게 재산적 또는 친족적 권리와 의무를 포괄적으로 계승하는 제도를 말한다. 상속은 법률상 4촌 이내의 방계 혈족으로 제한하고, 죽은 사람의 재산을 이전한다. 친족관계에 있는 사람이 상속을 하게 되면 상속법에 의하여 상속인 또는 수유자(受遺者)는 상속재산 중 각자가 받는 재산의 비율에 따라 상속세를 연대하여 납부할 의무가 있다.
법정 상속 순위 제1순위는 직계비속인 자(子)와 손자로 양자 및 혼인 외의 출생자 포함이며, 제2순위는 직계존속인 부모와 조부모, 제3순위는 형제자매이다. 아버지만 같은 경우 또는 어머니만 같은 경우의 형제자매 사이에서도 상속이 발생하며, 제4순위는 4촌 이내의 방계혈족이다.

법정상속분

법정상속분은 배우자를 제외한 모든 상속자에게 균등 적용되며 배우자에게 50% 가산 적용된다.
A씨 사망 후 배우자와 자녀 2명의 경우에는 다음과 같다.

배우자	:	자녀1	:	자녀2
1.5	:	1	:	1

〈표 9-1〉 법정 상속 순위

순위	내용
제1순위	직계비속인 자(子)와 손자, 양자 및 혼인 외의 출생자 포함
제2순위	직계존속인 부모와 조부모
제3순위	형제자매. 아버지만 같은 경우 또는 어머니만 같은 경우의 형제자매 사이
제4순위	4촌 이내의 방계혈족

2) 증여

증여는 당사자의 일방이 재산을 무상으로 상대방(친족 또는 타인)에게 수여하는 의사를 표시하고, 상대방이 이를 승낙하여 성립하는 낙성(諾成)·무상(無償)·편무(片務)의 계약을 말한다. 증여는 친족뿐 아니라 타인에게도 가능하지만 산 사람이 재산을 이전한다. 증여를 받게 되면 상속법에 의하여 증여받은 사람은 증여재산 중 재산의 비율에 따라 증여세를 납부할 의무가 있다. 증여는 상속보다 더 많은 세금을 내도록 되어 있다.

3) 상속세 및 증여세

상속세는 본인이 사망한 이후에 발생하며, 증여세는 생전에 본인의 의사에 따라 행해진다. 상속세는 상속재산에 상속개시일 전 10년(상속인인 아닌 자에 증여한 재산은 5년) 이내에 증여한 재산을 합산하여 과세한다. 따라서 사망 시점으로부터 10년(5년)간의 증여재산과 상속재산의 총합에 상속세가 부과된다. 현재 우리나라의 상속 및 증여세율은 10~50%의 누진공제세율을 적용하고 있다.

〈표 9-2〉 증여세와 상속세 세율

과세표준	세율	누진공제
1억 이하	10%	0원
5억 이하	20%	1천만 원
10억 이하	30%	6천만 원
30억 이하	40%	1억 6천만 원
30억 초과	50%	4억 6천만 원

〈표 9-3〉 증여세와 상속세 누진 공제

구분	증여세	상속제
기초공제	없음	2억
배우자 공제	6억	5억~30억
직계존속 공제 (자녀에게 증여, 상속 시)	5천만 원	3천만 원
미성년자 공제	2천만 원	500만원×20세까지의 연수
연로자 공제	없음	3천만 원

3. 유언장 작성

유언장은 생전에 작성하는 문서로 사후에 법적 효력이 발생하며 상속인, 재산 처분 등의 내용을 포함하며 유서라고도 한다. 상속재산 문제로 배우자나 자녀들이 법정에서 다투지 않게 하려면 유언장을 생전에 미리 준비해야 한다. 유언장은 친족 간 상속분쟁 예방을 위한 최선의 방법이다. 유언이 없으면 민법에서 정한 선순위 법정상속인에게 상속재산이 분배된다.

죽음이란 것은 갑자기 오는 것이 아닌 인생의 동반자와 다름없는 것이기 때문에 자신의 죽음에 대하여 생각하고 이에 대처하기 위한 방법으로서의 유언장은 자신을 성찰하는 데도 몹시 도움이 된다.

유언장 작성은 반드시 민법에서 정해놓은 방식을 따라야 한다. 유언의 방식은 자필증서, 녹음, 공정증서, 비밀증서 및 구수증서 방식이 있다. 이 다섯 가지 방식을 따르지 않으면 유언의 효력이 없다.

1) 자필증서 유언

가장 대표적인 유언장으로 증인이 없어도 되고 작성비용도 들지 않으며 만 17세 이상이면 누구나 손쉽게 할 수 있다. 가장 흔한 유언 작성 방법이다. 유언자가 유언 내용, 작성연월일, 성명을 자필로 직접 쓴 후 날인을 해야 한다. 만약 유언자의 의도가 모두 담겨 있는 것이라 하더라도 다른 사람이 대신 써준 것이라면 효력이 없다.

2) 녹음 유언

녹음기, 보이스 레코더, MP3 플레이어 등의 장비로 유언자의 육성으로 유언을 남기는 방법이다. 유언자가 육성으로 유언 내용과 성명, 연월일을 녹음하고 이에 참여한 증인이 유언의 정확함을 확인했음을 그 성명과 함께 녹음한다.

3) 공정증서 유언

공증인이 유언자에게 유언을 듣고 대신 기술하는 방법이다. 이 방법으로 유언할 때는 유언하는 자리에 2인 이상의 증인이 참석해야 한다. 공증인이 받아 적은 내용을 유언자와 증인들에게 낭독하면 유언자와 증인들이 필기한 내용이 정확함을 승인한 후 각자 서명 또는 기명날인하여 유언장의 내용을 최종 확인한다. 공정증서로 효력을 얻으려면 유언봉서 그 표면에 기재된 날로부터 5일 내에 공증인 또는 법원서기에게 제출하여 그 봉인 상에 확정 일자 인을 받아야 한다.

4) 비밀증서 유언

자필증서에 법정 공증의 효력을 더한 개념이다. 유언자가 유언장을 봉투에 넣어 밀봉한 뒤 밀봉한 봉투 표면에 유언자가 자신의 이름을 적어 그 봉투를 2명 이상의 증인의 면전에 제시하여 자기의 유언서임을 표시한다. 그 뒤 유언자가 밀봉서 표면에 연월일을 기재하고 유언자와 증인들이 각자 서명 또는 기명날인을 하여 유언장의 내용을 최종 확인한다.

5) 구수증서 유언

질병 등 기타 급박한 사유로 인하여 다른 방법으로 유언을 할 수 없을 때 시행하는 유언이다. 반대로 말해서 다른 방법으로 유언을 할 수 있는데도 구수증서로 유언을 남기면 자동적으로 해당 유언은 무효가 된다. 2명 이상이 참여한 가운데 유언자가 유언내용을 말하면 증인 중 1명이 그 내용을 받아 적은 후 다른 증인과 유언자에게 유언장을 낭독하여 확인시킨 뒤, 유언자와 증인들이 각자 서명 또는 기명날인을 하여 유언장의 내용을 최종 확인한다. 구수증서 유언은 그 증인 또는 이해관계인이 급박한 사유의 종료한 날로부터 7일 내에 법원에 그 검인을 신청하여야 한다.

[양식-1] 유언장

유 언 서

유언자 ○○○은 이 유언서에서 본인 소유의 재산을 다음과 같이 나누어 줄 것을 유언한다.

1. 유언자 ○○○은 그 소유인 아래 부동산과 동산 등을 다음과 같이 나누어 분배한다.
   ① 유언자 ○○○의 장남 ○○○의 상속지분은 다음과 같다.
      ㉠ ▲▲시 ▲▲구 ▲▲로 ○○ 번지상의 대지 ○○ 평 건물 ○○ 평
      ㉡ ▲▲도 ▲▲군 ▲▲면 ▲▲길 ○○ 번지 임야 및 답 ○○○ 평
      ㉢ ◇◇주식회사 주식 ○○○주
   ② 유언자 ○○○의 차남 ○○○의 상속지분은 다음과 같다.
      ㉠ ▲▲시 ▲▲구 ▲▲로 ○○ 번지상의 대지 ○○ 평 건물 ○○ 평
      ㉡ ◇◇주식회사 주식 ○○○주
   ③ 유언자 ○○○의 사촌 ○○○에 대한 증여지분은 다음과 같다.
      ㉠ ▲▲시 ▲▲구 ▲▲로 ○○ 번지상의 대지 ○○ 평 건물 ○○ 평
      ㉡ ◇◇주식회사 주식 ○○○주
   ④ 나머지 모든 재산은 ◇◇대학에 발전기금으로 기증한다.

2. 유언자는 ▲▲시 ▲▲구 ▲▲로 ○○ 번지 거주 변호사 ○○○를 유언 집행자로 지정한다.

3. 이 유언서는 작성 후 ▲▲가정법원의 검인을 받아 유언집행자 변호사 ○○○이 보관한다.

상기 유언을 위하여 유언자 자신이 이 증서 전문을 쓰고 일자 및 성명을 자필로 쓰고 날인한다.

○○○○년 ○○월 ○○일
▲▲시 ▲▲구 ▲▲로
○○번지
유언자 ○○○ ㉤

4. 존엄하게 죽을 권리

최근 우리 사회는 의학의 발달에 따라 뇌사, 식물인간, 안락사, 임사체험, 호스피스 등 죽음과 관련된 다양한 현상들이 주목받고 있다. 현대의학이 급속도로 발달함에 따라 위독한 환자도 적절한 의학적 조치를 취하면 몇 년간 생명을 유지하게 할 수 있다. 그러나 이러한 조치가 환자는 물론 보호자들에게 큰 고통이 된 사례가 많다.

이러한 이유로 2009년 5월 대법원은 치료가 불가능한 환자의 치료중단 의사를 추정하여 존엄하게 죽을 권리를 인정하는 판결을 내렸다. 보건복지부는 환자 뜻에 따라 연명 의료를 중단할 수 있는 연명의료결정법 시범사업을 2017년 10월 23일부터 2018년 1월 15일까지 실시하고, 2018년 2월부터 본격 시행한다고 밝혔다. 중단할 수 있는 연명 의료는 '심폐소생술, 인공호흡기 착용, 혈액투석 및 항암제 투여의 의학적 시술'이며, 이를 중단하더라도 통증 완화를 위한 의료 행위, 영양분 공급, 물 공급, 산소의 단순 공급은 중단할 수 없다. 이는 '소극적 안락사'와 차별되는 부분이다.

연명 의료 중단이 가능하려면 담당 의사와 전문의 1명으로부터 임종과정에 있다는 의학적 판단을 받아야 한다. 환자 본인이 직접 사전 연명의료 의향서나 연명 의료 계획서를 통해 이를 원하지 않는다는 의사를 드러내야 한다. 환자가 의식이 없는 경우, 가족 2명이 이에 대한 환자의 의사를 표시하거나 가족 전원이 합의해야 한다.

[양식-2] 존엄한 죽음을 위한 선언서

존엄한 죽음을 위한 선언서

제가 병에 걸려 치료가 불가능하고 죽음이 임박할 경우를 대비하여 저의 가족, 친척, 그리고 저의 치료를 맡고 있는 분들에게 다음과 같은 저의 희망을 밝혀 두고자 합니다. 이 선언서는 저의 정신이 아직 온전한 상태에 있을 때 적어 놓은 것입니다. 그러니 선언서대로 따라 주시기 바랍니다.

1) 저의 병이 현대의학으로 치료할 수 없고 곧 죽음이 임박했다는 진단을 받은 경우 일체의 연명조치는 하지 말아 주시기 바랍니다.
2) 의식이 없어진 상태가 되더라도 기도 삽관이나 기관지 절제술, 인공기계호흡은 시행하지 말아주기 바랍니다.
3) 인공영양법, 혈액투석, 침습적인 치료술을 하지 말아 주시기 바랍니다.

이와 같은 저의 선언서대로 실행해주신 분들에게 깊은 감사를 드립니다. 저의 요청에 따라 진행된 모든 행위의 책임은 저 자신에게 있음을 밝히고자 합니다.

년 월 일

본인 이름 (서명)

배우자 이름 (서명)

공증인 이름 (서명)

5. 웰빙과 웰다잉

웰빙(Well-Being)은 '생을 얼마나 행복하게 삶을 보람 있게 사느냐' 라면, 웰다잉(Well-Dying)은 '생을 얼마나 건강하게 마감하느냐'를 말한다. 웰빙은 늙기를 거부하는 안티 에이징보다 더 발전된 개념이다. 즉 인생 후반전을 더욱 풍요롭게 더욱 건강하게 살려는 마음가짐이다.

미국의 심리학자이자 정신의학자 엘리자베스 퀴블러-로스(Elisabeth Kübler-Ross, 1926-2004)는 그녀의 저서 '사망과 임종(on Death and Dying)에 대하여'에서 말기 암 등으로 죽어가는 환자들이 겪는 심리적 변화를 '부정-분노-타협-우울-수용' 5단계로 정의 내렸다. 사람은 결국 일정 기간 후 죽음을 '수용'하는 단계를 밟게 되는 것이다.

애플 창립자 스티브 잡스(1955-2011)는 췌장암으로 사망하기 전 자신의 자서전을 출간하고 평소 구상하던 IT기기들을 출시하는 등 자신의 죽음을 준비해 왔다.

웰다잉을 치밀하게 준비하는 것은 우리가 희망하는 웰다잉, 즉 아름다운 이별을 뜻하는 것이다. 닥쳐올 죽음을 위해 하루하루 충실하게 살아가는 것이 의미 있는 삶인 것이다.

요즘 생애발달단계에서 길어진 노년기를 효율적이고 잘 살아내기 위해 웰다잉에 대한 관심이 높아지고 있다. 웰다잉은 말 그대로 '잘 죽는 것'을 뜻한다. 죽음은 인간이라면 누구나 피할 수 없는 현실이며 생애발달의 한 과정이다. 누구에게나 동일한 현상이지만 죽어갈 때의 모습은 서로 크게 다르다. 또한 죽음이 언제가 될지는 아무도 알 수 없지만, 죽음을 맞이하는 태도는 자기 자신이 선택할 수 있다.

죽음에 대한 준비는 '잘 죽는 것'과 연관되어 있으며, 잘 죽을 수 있다는 것은 '얼마나 잘 살았는가' 또는 '얼마나 잘 준비하였는가'로 바꿔 말할 수 있다. 즉 죽음 준비교육이란 죽음의 참된 의미를 가르치고 죽음에 대한 바른 태도를 갖게 함으로써 삶을 더욱 건전하게 살아가도록 돕는 교육을 의미한다. 이처럼 웰다잉 교육은 노년기 삶을 재정립 할 수 있는 기회가 되기도 하고, 노인들이 삶을 더욱 건전하게 살아갈 수 있도록 돕는 교육이기 때문에 그 필요성이 증가하고 있다.

우리나라에서 죽음준비교육이 시작된 것은 1973년부터이다. 그러나 대부분의 죽음준비교육이 노인 혹은 호스피스 대상자와 그 가족으로 대상을 한정하고 있으며 이마저도 종교단체와 대학 등에서 지식을 일방적으로 전달하는 식의 교육으로 이루어지고 있었다. 그러다가 2010년부터는 전국의 사회복지관을 중심으로 죽음준비교육이 실시되었다.

웰 다잉을 위해 준비할 일을 보면 다음과 같다.

1) 건강 체크

우선 자신의 건강을 체크하여 불치병이나 만성 질환이 있는지를 정확히 진단한다.

2) 사전의료 의향서 작성

자신이 회복 불가능한 건강상태에 놓여 있거나 생명이 걸린 중대한 수술을 눈앞에 두고 있다면 사전의료 의향서를 작성한다.

3) 자성의 시간

지금까지 살아온 일에 대해서 자성의 시간을 갖고 정서적 안정을 취하도록 한다.

4) 법적 효력이 있는 유언장과 자서전 작성

사후에 자녀들 간의 재산 분쟁을 막기 위해서 유언장을 작성한다.

5) 자원봉사

이웃을 도울 수 있는 여력이 있다면 자원봉사를 한다. 자원봉사는 자신에 대한 보상이 될 수 있다.

6) 버킷리스트 작성

자신의 남은 인생을 효율적으로 보내기 위해서 하고 싶은 일을 목록으로 작성하여 실천한다.

7) 엔딩노트

나이를 먹어 가면서 주위 사람들의 사망 소식을 접하게 된다. 또 자신의 죽음을 생각 하게 된다. 언제가 될지 모를 그 날을 위해, 내가 사랑하는 가족과 세상에 남길 유산을 작성해 놓을 필요가 있다.

'엔딩노트' - 일본 다큐멘터리 영화 제목이다. 샐러리맨 인생을 마치고 퇴직한 남자 주인공은 제2의 인생을 준비한다. 그러나 얼마 후 암 선고를 받고, 큰 충격에 빠진다. 그는 스스로에게 허락된 얼마 남지 않은 시간을 어떻게 써야 할지 고민한다. 이 영화의 하이라이트는 가족을 위해 고민하며 자신의 엔딩 노트를 작성하는 장면이다. 그는 엔딩노트에 죽기 전에 해야 할 일을 적기도 한다. 즉 엔딩 노트는 죽기 전에 꼭 하고 싶은 일들을 적어 보는 버킷리스트와도 비슷하다. 엔딩 노트와 버킷리스트 작성은 자신의 죽음을 후회 없이 맞도록 하고 좋은 추억을 남기도록 한다는 점에서 한번 정리하는 것을 추천한다.
엔딩 노트는 유언장과 달리 법적 구속력이 없다. 일기 쓰듯 가볍게 작성하면서 자신의 노후와 죽음에 대해 생각해보는 것이다. 비슷한 의미로 자서전 쓰기도 있다.

8) 자서전 쓰기

은퇴 후에 자신의 자서전을 써보는 것은 좋은 방법이다. 자서전 쓰기는 지난날 상처를 치유하고 행복했던 순간을 형식 없이 기록한다.

자서전은 후손에게 물려줄 자연스런 유산이 되고 있다. '나만의 자서전'은 누구도 의식하지 말고, 주목할 필요도 없다. 또 유명해지기 위한 것이 아니므로 자신의 이야기를 진솔하게 나의 가족과 사랑하는 사람을 위해 편지를 쓰듯 써 가야 한다. 몰랐던 자기 자신을 발견하고 슬펐던 순간, 행복했던 순간을 다시 떠올릴 수 있다.
이외에도 나의 묘비명도 직접 써보고 유산 상속, 장례식 절차를 기록으로 남겨놓는 것도 좋다. 이런 것이 웰다잉을 적극적으로 실천하는 방법일 것이다.

9) 추억의 물품 정리

추억하고 싶은 사진, 편지, 선물, 기념품 등 버릴 것은 버리고, 남길 것은 남기는 정리를 한다.

10) 빚 청산

돈이나 빌린 물건 등 물질적인 빚뿐 아니라 평소에 갚지 못했던 마음의 빚도 사과와 함께 갚도록 한다.

11) 고독사 예방

위급 상황에 가장 빨리 도움을 청할 수 있는 가족이나 친구에게 미리 상태를 알려주고, 사망 시 연락처를 남겨둔다.

12) 장례 계획

미리 장례 방법과 절차를 정해서 유서에 기록해둔다.

[양식-3] 버킷 리스트

죽기 전에 꼭 하고 싶은!				
2○○○년 버킷리스트				
NO	목표	달성 여부	달성 내용	성취일
1				
2				
3				
4				
5				
6				
7				
8				
9				
10				
11				
12				
13				
14				
15				
16				
17				
18				
19				
20				

참고문헌

권중돈(2012). 노인복지론. 서울: 학지사.

권혁창 · 이은영(2012). 국민연금 수급이 고령자의 삶의 만족도에 미치는 영향에 관한 연구. 사회복지연구.

고민석 · 서인균(2011). 노인의 건강상태가 스트레스와 우울에 미치는 영향과 사회적 조절효과.

고용노동부(2016). 고령자 고용현황.

국민연금연구원(2011). 우리나라 중 · 고령자의 노후준비 실태와 기대 Ⅰ: 국민 노후보장 패널부조사 분석보고서.

김두섭(2001). 변화하는 노인의 삶과 노인복지. 서울: 한양대학교출판부.

김병숙(2009). 은퇴 후 8만 시간. 서울: 조선북스.

김재호(2014). 노후준비지원정책의 필요성과 방향. 한국보건사회연구원.

노년교육연구회(2012). 은퇴수업. 서울: 학지사.

노병일 · 모선희(2007). 사회적 지지수준과 차원이 노인 우울에 미치는 영향. 한국노년학.

데릭 밀른. 윤영선 역(2016). 은퇴의 심리학 : 퇴직 후의 삶을 위한 행복 레시피. 서울: 눈.

로레타 나폴레오니. 황혜숙 역(2009). 적과의 동침. 서울: 웅진 윙스.

대한상공회의소(2015). 실버산업 연평균 성장률 전망.

문진수(2016). 은퇴절벽. 서울: 원더 박스.

문화일보. 2017년 03월 07일. 노인 인권침해와 병든 사회. 김상엽 기자.

문화체육관광부(2016). 국민여가활동조사.

박상철(2010). 생명의 미학. 서울: 생각의 나무.

박성희(2008). 생애사 연구와 노인교육의 의의. 노년교육연구회 추계학술대회.
박현식(2012). 베이비부머의 노후준비와 성공적 노후관계 연구. 한국노인복지학회.
손정현(2017). 은퇴경영. 서울: 도서출판 대경.
박성희(2014). 노후설계 전문가. 서울: 핸드북.
배문조(2011). 중년기의 성공적 노후생활에 대한 인식 및 노후생활 준비의식이 노후생활 준비행동에 미치는 영향. 한국가족관계학회지.
보건복지가족부(2008b). 노인보건복지사업안내.
보건복지부(2013). 노인복지시설 현황.
보건사회연구원(2011). 노인실태조사.
삼성경제연구소(2011). SERI 경영노트 2. 삼성경제연구소
서울시(2015). 서울시민 여가문화 생활통계. 서울시.
성미애(2012). 은퇴 후 생활만족도 변화에 관한 단기 종단적 분석. 가족과 문화.
신수민(2013). 과거 노후준비가 노년기의 활동성에 미치는 영향: 심리사회적 자원의 매개효과. 사회보장연구.
엘리자베스 워런 · 아멜리아 워런 티아기. 주익종 역(2004). 맞벌이의 함정 - 중산층 가정의 위기와 그 대책. 서울: 필맥.
여성가족부(2013). 청소년통계.
유시민(2013). 어떻게 살 것인가. 서울: 생각의 길.
윤진(1985). 성인노인심리학. 서울: 중앙적성출판.
이소정(2008). 성공적인 제3기 인생준비를 위한 사회적 기반조성. 한국보건사회연구원. 보건복지가족부.
이신숙(1997). 노인의 성역할 태도와 부부 적응에 관한 연구. 한국노년학.
이승신(2012). 고령자의 노후준비에 따른 삶의 만족도에 대한 연구. 소비문화연구.
이윤경 외(2012). 노인여가 복지서비스 발전방안 연구. 보건복지부 한국보

건사회연구원.
이윤경(2013). 경제적 노후준비 실태 및 정책과제. 보건복지포럼.
안창일 외(2010). 임상 심리학. 서울: 시그마프레스.
전도근(2003). 자격증 이야기. 서울: 일진사.
전도근(2009). 진로직업지도. 서울: 학지사.
전도근(2008). 은퇴쇼크. 서울: 북포스.
전도근(2008). 라이프 코치. 서울: 북포스.
전도근(2009). 100세 쇼크. 서울: 북포스.
전도근(2014). 힐링 스트레스. 서울: 해피앤북스.
정주원・조소연(2013). 주관적 노후인식이 60대 중고령자 우울에 미치는 영향 연구. 보건사회연구.
중앙일보. 2016.07.11. 노후 30년 즐겁게 보내려면 안전벨트 단단히 매라. 김동호의 반퇴의 정석.
청주시청(2017). 경로당에서 주로 하는 활동 통계 자료. 청주시청.
통계개발원 사회 통계실(2016). 노인자살의 현황과 원인분석.
통계청(2015). 이혼 통계.
통계청(2013). 2012년 노후준비 실태조사.
통계청. 2015년 자료.
통계청. 2016년 자료.
한국보건사회연구원(2011). 인생 100세 시대 대응 국민인식 조사결과. 한국보건사회연구원.
한국노인인력개발원(2011). 100세 시대 대비 노인사회참여 활성화 포럼.
한국노인인력개발원(2013). (2012) 노인일자리 통계현황.
한국보건사회연구원(2016). 여가활용법. 한국보건사회연구원
한국인터넷진흥원(2016). 정보화실태조사.
OECD(2105). 노인 빈곤율.
OECD(2105). 노인 자살률.

참고 사이트

공무원연금관리공단 http://www.gepco.or.kr

국민연금공단 www.nps.or.kr

금융감독원 www.fee.or.kr

독일 괴팅겐 노인주택 www.freiealtenarbeitgoettingen.de

대한상공회의소 www.korcham.net

대한안티에이징의학회

http://antiagingmedicine.kr/antiaging/concept.htm

보건복지부 www.mohw.go.kr

사람인 www.saramin.co.kr

스카우트 www.scout.co.kr

잡코리아 http://www.jobkorea.co.kr

중앙인사위원회http://www.csc.go.kr

중앙치매센터 www.nid.or.kr

한국보건사회연구원 www.kihasa.re.kr

행정자치부 http://www.mogaha.go.kr

저자소개

이미자

성신여자대학교 영어영문학과를 졸업한 후 KB국민은행에 입사해 프라이빗 뱅킹(Private Banking) 업무에서 VVIP 고객을 상대로 남다른 재테크, 고객관리 및 자산관리 전략으로 성과를 인정받았으며, 35년간 재직 후 지점장으로 퇴직했다. 싱가포르경영대학교(SMU) Wealth Management Institute(WMI)에서 Advanced Wealth Management Programme(AWMP) 과정과 한국금융연수원 PB전문가 과정을 수료한 후 금융전문가로 활동하고 있다. 현재 금융 일선에서 얻은 지식과 경험을 바탕으로 KB공익재단, 50플러스 센터, 기업체 등에서 경제·금융 재테크 전문강사로 활동하며, 현재 경희대학교 공공대학원에서 노인케어복지 석사과정을 공부하고 있다. 그리고 한국전직지원협회 대표로 시니어, 중장년, 경력단절여성의 재취업을 위한 전직지원전문가 양성에 힘쓰고 있으며, 노후설계에 관심이 많아 시니어 행복연구소를 운영하면서 치매 예방과 시니어 관련 프로그램을 기획 및 강의 활동을 하며, 경희대학교 공공대학원에서 노인케어복지 석사과정을 공부하고 있다. 또한 아주대학교 평생교육원에서 시니어 플래너 과정을 운영하고 있으며, 여성 새로일하기센터에서 전직지원프로그램 진행과 한국노인인력개발원에서 직업소양 강사로 활동하고 있다. 저서로는 직업상담을 위한 『전직지원실무노하우』가 있다.

시니어를 위한 스마트한 노후설계

2018년 6월 5일 1판 1쇄 인쇄
2018년 6월 10일 1판 1쇄 발행

저 자 이미자
펴낸이 조재성
펴낸곳 서현사

등 록 2002년 8월 14일 제 03-01392호
주 소 경기도 고양시 일산동구 중앙로 1055번지 레이크하임 206호
전 화 031-919-6643
팩 스 031-912-6643

ISBN 978-89-94044-98-9 93330

정가 15,000원

저자와의 협의하에 인지는 생략합니다.
잘못 만들어진 책은 구입하신 서점에서 바꾸어 드립니다.